A caro amigo com votos de paz

____ / ____ / ____

A REENCARNAÇÃO
NA BÍBLIA E NA CIÊNCIA

José Reis Chaves

A REENCARNAÇÃO NA BÍBLIA E NA CIÊNCIA
Copyright© C. E. Dr. Bezerra de Menezes

Editor: Miguel de Jesus Sardano
Supervisor editorial: Tiago Minoru Kamei
Revisão: Rosemarie Giudilli Cordioli
Diagramação: Décio Lopes
Capa: Tiago Minoru Kamei

8ª edição - novembro de 2011 - 2.000 exemplares
2ª impressão - junho de 2014 - 2.000 exemplares

Impressão: Editora e Gráfica Vida & Consciência
Impresso no Brasil | Printed in Brazil

Dados Internacionais de Catalogação na Publicação (CIP)
(Câmara Brasileira do Livro, SP, Brasil)

Chaves, José Reis
A Reencarnação na Bíblia e na Ciência / José Reis Chaves | 1. edição | Santo André, SP | Editora Bezerra de Menezes, 2006.

ISBN: 85-87011-16-2

1. Reencarnação 2. Reencarnação – Ensino bíblico 3. Religião e ciência I. Título.

06-0924   CDD–133.90135

Índices para catálogo sistemático
1. Reencarnação: Aspectos bíblicos e científicos: Espiritismo   133.90135

Este livro já foi editado anteriormente com o título
A Reencarnação Segundo a Bíblia e a Ciência

EBM EDITORA
Rua Silveiras, 17 – Vila Guiomar – Santo André – SP
CEP 09071-100 | Tel. 11 3186-9766
ebm@ebmeditora.com.br | www.ebmeditora.com.br

A REENCARNAÇÃO
NA BÍBLIA E NA CIÊNCIA

JOSÉ REIS CHAVES

Sumário

Agradecimentos 11
Referências feitas a esta obra
nas duas primeiras edições 15
Prefácio da 1ª Edição 21
Prefácio da 2ª Edição 23
Introdução 29

1. A universalidade da reencarnação 33
   Aspectos históricos 34
   Pitágoras 40
   Sócrates 41
   Platão 46
   Aristóteles 48

2. A grandeza de Deus, do Universo e do Homem 55
   Os ciclos 63
   A reencarnação do psiquismo ou instinto 71

3. Através da Bíblia 77
   Ressurreição e reencarnação 80
   *A ressurreição diante do pensamento
   semítico e grego* 85

A ressurreição paulina 89
Geração e reencarnação 95
O homem que morre uma vez só 97
A visão reencarnacionista de Ezequiel 99
A cura de um cego de nascença 101
São João Evangelista voltou a Terra? 103
Elias e João Batista têm uma mesma
identidade espiritual 104
Alguns outros textos bíblicos que também
sugerem a ideia da reencarnação 108

4. Perante a metafísica e a ciência 113
   Quem sofre com o pecado é o homem e não Deus 113
   O livre-arbítrio 121
   Autorredenção e alorredenção 127
   *A física quântica com seu eterno presente
   e outras ciências* 141
   O Neoespiritualismo 143
   A Transcomunicação 147
   A Projeciologia 148
   A Teosofia 150
   A TVP (Terapia de Vivências Passadas) 151
   *Sábios, personalidades importantes
   e religiões reencarnacionistas* 155

5. A preexistência do espírito 177
   O céu 179
   O purgatório e o carma 181
   O inferno 187

6. O Cristianismo 193
   São Paulo 194
   São Clemente de Alexandria 197
   Orígenes e a doutrina da Apocatástase 201
   Santo Agostinho 207

São Jerônimo *209*
São Gregório de Nissa *210*
Outros santos do Cristianismo Primitivo *211*
São Francisco de Assis *212*
São Boaventura *213*

7. Até onde os hereges tinham razão? 215
8. O V Concílio Ecumênico de Constantinopla II (553) 227

   Conclusão 237

   Sobre o autor 243

   Referência Bibliográfica 245

Agradecimentos

Aos meus pais que me ensinaram, desde criança, com seus exemplos, a ter interesse pelas questões espirituais:

João dos Reis Rodrigues Milagres (*in memoriam*) e Ana Chaves dos Reis Milagres.

À minha esposa Justina Inês Valandro.

Aos meus filhos: Lílian, Márcia, Ricardo (e à sua mãe Vanilda), Camila e Tiago.

E aos meus irmãos: Maria (*in memoriam*), Geraldo (*in memoriam*), Inês (*in memoriam*), Catarina (*in memoriam*), Ana, Terezinha e Luciana

Meus agradecimentos especiais à Editora Espírita Bezerra de Menezes, ao seu diretor Miguel de Jesus Sardano e a todos os meus amigos que me ajudaram quer com seus diálogos, quer com seu silêncio em respeito ao meu pensar neste empreendimento literário filosófico, entre os quais destaco:

Dr. Alécio Dória Rosa (*in memoriam*), Aloísio Wagner de Araújo, Dra. Angélica Castilho, Antônio Cardoso de Paula, meu cunhado (*in memoriam*), Frei Antônio Eustáquio Alexandre (*in memoriam*), Prof. Antônio Estáquio Gonçalves, Dr. Ary Gonçalves Neves, Professor Carlos Alberto Goursand, Estevão Flores de Salles, Dr. Fernando Maia, Francisco de Assis Motta (*in memoriam*), Francisco Messias Freire, Dr. Jaime Romeo Rossler (*in memoriam*), Dr. João Bosco Assunção, Antônio Cardoso de Paula (*in memoriam*), Dr. João Teixeira do Rosário, Dr. José Eugênio Cordeiro, Dr. José Herculano de Souza, Dr. Luciano Rabelo, Prof. Luís Carlos Pessamílio, Cel. Dr. Odenath Damazio, Prisciliano Horta Pereira (*in memoriam*), Prof. Nériton José Braz, Wilmar José Braz, Prof. Reginaldo Antônio Orlandi, Dra. Rosane Gontijo de Souza, Prof. Rosário Américo Resende, Radialista Aurélio França, Semião Emediato, Professora Violeta Lapa Pinto, Zenaíde Pedro de Faria e muitos outros, a quem peço perdão por não citá-los aqui nesta lista, mas que estão também em meu coração.

Eu posso muito bem imaginar que posso ter vivido em séculos passados e lá ter encontrado perguntas que ainda não fui capaz de responder. Assim, tenho de nascer novamente porque não cumpri a missão que me foi confiada.

(Carl G. Jung, **Memórias, Sonhos e Reflexões**, pág. 323, Pantheeon, New York, 1963).

Minha doutrina é: deves viver de modo a poderes desejar viver novamente – esse é o teu dever –, pois, de qualquer forma, viverás novamente.

(Nietzsche, apud Brian L. Weiss, **Só o Amor é Real**, Editora Salamandra, Rio de Janeiro, 1996).

A alma do homem é como a água. Vem do céu e sobe para o céu, para depois voltar à terra, em eterno ir e vir.

(Goethe).

Todos os elementos da natureza, transmutando-se, "reencarnam" uns nos outros, como os minerais "reencarnam" nos ossos, e estes, após sua morte, "reencarnam" lentamente em novos minerais, do que é um outro exemplo a troca da respiração dos vegetais com a dos animais e com a do próprio homem.

Referências feitas a esta obra nas duas primeiras edições

*Começamos este último capítulo do nosso presente trabalho, mencionando a notável obra do nosso amigo e mestre José Reis Chaves – **A Reencarnação na Bíblia e na Ciência** (é recomendada também a obra **A Face Oculta das Religiões,** do mesmo autor), porque ela veio preencher uma importante lacuna acerca da reencarnação, especialmente aqui no Brasil onde predominam as religiões judaico-cristãs, todas elas fortemente fundamentadas na Bíblia.* (Hernani Guimarães Andrade, **Você e a Reencarnação**, pág. 220, Editora CEAC, Bauru, SP).

Trata da universalidade da reencarnação e de seus aspectos históricos. O texto é documentado por citações de filósofos antigos e de personagens históricas da Igreja, que, até o ano de 553 incluíam a teoria da reencarnação em suas doutrinas... (Trigueirinho, **Jornal Sinais** nº 3).

[...] o autor, católico, publicou um livro dedicado aos estudiosos da espiritualidade independentemente de religião, que anseiam conhecer melhor a trajetória do homem como matéria e espírito. (**Jornal O Poder, da Missão Ramakrishna**, Abril de 1996).

Chaves é teósofo e defende a reencarnação sob um prisma ecumênico e universal, dando primazia para o ponto de vista da Bíblia, da filosofia e teologia cristãs. Coloca diversos fatores da história do cristianismo. Confira. (**Jornal A Gazeta Regional,** de Criciúma, SC, Coluna "Um Mundo Diferente", do jornalista Eduardo Tonon N. da Rocha).

É notável por colocar-nos ao alcance o passado, até o presente, ou o 'ortodoxo' sobre este fenômeno da reencarnação. (**Revista Gente in Foco** nº4, Caxias do Sul, RS).

[...] Sou grato à delicadeza em enviar-me um exemplar. A obra foi devidamente examinada... Há uma clara oposição entre a reencarnação e o ensinamento do Evangelho; apesar da divergência, evidentemente, respeito sua opinião. Peço ao Senhor Jesus que nos ilumine em busca da verdade. Com minhas orações. (Cardeal dom Eugênio Araújo Sales, arcebispo do Rio de Janeiro).

[...] Uma oportuna publicação, que vem contribuir para ampliar o estudo de tema tão polêmico... (Eduardo Azeredo, Governador do Estado de Minas Gerais).

Recebi com carinho seu livro, que agradeço. Estou lendo e gostando muito. Continue desenvolvendo os dons interiores. (Pe. Lauro Trevisan, autor de várias obras, dentre elas **O Poder Infinito de sua Mente**, com um milhão de exemplares vendidos).

Recebi seu livro com a dedicatória a esta Província Redentorista. Agradeço. Seu texto passa a fazer parte do acervo de nossa biblioteca central da cidade, aberta ao público. (Pe. Dalton CSsR, provincial redentorista do Rio de Janeiro. A Província abrange os Estados do Rio de Janeiro, Minas Gerais e Espírito Santo, além da Vice-Província de Lima, Peru).

É de fato um livro que abrange a Bíblia e as ciências modernas que estão, cada vez mais, entrando no íntimo e no fundo do sobrenatural, no qual a reencarnação é o grande desafio. (Dr. Jayme Romeo Rossler, Farroupilha, RS, cientista, escritor, médico e empresário, autor de **A Origem Genética da Alma,** Editora Ser, Brasília, DF).

Realmente, seus pensamentos são ótimos. E suas experiências são válidas. (Mônica Bonfiglio, autora de **Almas Gêmeas,** sucesso em todo o Brasil).

Trata-se de uma obra muito interessante sobre a reencarnação, com raciocínios bem desenvolvidos. (Henrique Rodrigues, parapsicólogo, engenheiro eletrônico, escritor e conferencista internacional, com obras traduzidas para o inglês, castelhano e italiano. Ganhou um dos primeiros lugares em experiências parapsicológicas nos Congressos de Leningrado, ex-União Soviética, e de Gênova, Itália, e é membro da Sociedade Esotérica Alemã e de várias outras organizações internacionais).

Meus parabéns pela sua vasta pesquisa bíblica. (Pe. José Raimundo Vidigal, CSsR, tradutor de O Novo Testamento publicado pela Paulinas. É doutor em Bíblia, em Roma e Jerusalém, reside em Campos, RJ, e lança em breve um comentário sobre **O Novo Testamento***)*.

Principalmente pela parte que se refere aos ciclos, até onde já li, meus parabéns pelo seu brilhante trabalho, cuja leitura estou apreciando muito. (Dr. Omar Souki, autor de **Acorde! Viva Seu Sonho**, ex-professor da Universidade de Nova York, atual professor da Universidade Federal de Minas Gerais, sendo o seu citado livro um grande sucesso).

O senhor fez um bom trabalho de pesquisa referente à reencarnação, e sua obra vai ser muito valiosa àqueles que buscam esclarecimentos a respeito do assunto. (Dr.Valério Walber, presidente do IDEJ – Instituto de Divulgação Espírita de Joinville, Joinville, SC).

Quero parabenizá-lo pelo seu excelente livro, o qual me agradou, em especial, a extensa pesquisa histórica, abrangente, objetiva e lúcida... Por isso espero poder ler em breve mais algum trabalho que, certamente, o senhor publicará. (Dr. Perez França, oftalmologista e cirurgião de plástica ocular do Hospital Felício Rocho, de Belo Horizonte, MG).

Este livro surpreendeu-me pelo seu conteúdo sobre a reencarnação, principalmente pelos textos bíblicos sugestivos dessa doutrina. (Dr. Alécio Dória Rosa, psicólogo, com mestrado em fonoaudiologia, residente em Belo Horizonte, MG).

É um livro que cercou a questão da reencarnação de tal modo que deixa o leitor sem argumento para negá-la. (Dr. José Herculano de Souza, advogado e engenheiro, de Belo Horizonte, MG).

O livro **A Reencarnação na Bíblia e na Ciência** *está dando uma grande contribuição ao encontro e à divulgação da verdade que liberta e conduz ao amor eterno.* (Rosário

Américo de Resende, ex-franciscano, biblista e professor de Ciências Contábeis da UFMG).

Este livro trata da reencarnação como nunca dantes tratada, atingindo um vasto campo da Bíblia, da Filosofia, da Ciência e das religiões. (Aurélio França, radialista, diretor e apresentador do programa "A Caminho da Luz", da Rádio Metropolitana, de Belo Horizonte, MG. No momento está fundando uma rádio espírita em Belo Horizonte, MG).

A interpretação das passagens evangélicas é de uma lucidez invejável e toca em pontos polêmicos com tal sutileza, que faz parecer, absolutamente, claros e inquestionáveis. (Sebastião Bicalho, escritor, autor **de Pescador de Pérolas**, Belo Horizonte, MG).

Parabenizo-o pelo livro **A Reencarnação na Bíblia e na Ciência,** *pedindo a Deus que continue a iluminar seu caminho que, com certeza, está sendo útil a muitos que tiveram e terão a oportunidade de tomar contato com seus conhecimentos.* (Dr. João Bosco Hoffman da Silva, médico, de Belo Horizonte).

Temos que dizer que para nós é um privilégio a leitura desta obra, de didática perfeita, em que se tomam conhecimentos de diversos assuntos nela tratados (física, astronomia, filosofia, história etc.). Vejo-me relendo vários parágrafos, para ver se minha memória consegue armazenar a gama de informações indispensáveis ao nosso arquivo intelectual. (Dra. Maria Anna Salles Abreu, advogada, Rio de Janeiro, RJ).

Prefácio da 1ª Edição

Sugestivo o nome do livro *A Reencarnação na Bíblia e na Ciência*, pois, nos últimos tempos, a teoria da reencarnação vem ressurgindo no Ocidente com toda a força, justamente porque ela vem recebendo o respaldo da ciência e dos pesquisadores da Bíblia.

Entre os seus correligionários, ela conta com grandes sábios da têmpera de um Gurdjieff, René Guénon, Alice Bailey, P.Ouspensky, Jorge Adoum, Van Der Leeuw e Paul Brunton, os quais, pela sua sabedoria intuitiva ou espiritual de iniciados, possibilitaram um despertar, não só de si mesmos, mas também de milhões de outros indivíduos.

Enquanto fenômeno lembra-nos Jurgizada (nome pelo qual Gurdjieff era conhecido entre os sábios sufis), a reencarnação consiste em nosso corpo ser um veículo biológico para trânsito de nossa consciência na crosta deste Planeta.

O homem é um imenso repertório cósmico de informações absorvidas de outras vivências. Mas, é real o eu atual para o presente contínuo espaço-tempo mensurável, cronologicamente falando.

A vida é única, vivida em diferentes espaços da grande dimensão cósmica. Cada pedaço desta biodisponibilidade é uma faceta intitulada reencarnação.

A matéria, em seus últimos estádios é, em todo o tempo, o veículo para a manifestação do espírito neste plano-momento da nossa existência.

A verdadeira chave da vida consiste em o elemento solar estar implícito no sangue humano. É este elemento, com sua capacidade transformadora, abrigando o espírito e a alma, que possibilita a compreensível multiplicidade de trânsitos.

A vida é – e sempre será – um eterno retorno.

A reencarnação é a manifestação física deste grande evento – em uma resposta ao Cosmos, ao Universo e ao Criador, independentemente daquilo que imaginamos que Ele seja.

João Bosco Assunção

Prefácio da 2ª Edição

A maior de todas as ignorâncias é rejeitar uma coisa sobre a qual você nada sabe.

H.Jacson Brown

Provavelmente, a Doutrina da Reencarnação seja a essência fundamental do conhecido aforismo latino "Ex Oriente lux" ("A luz vem do Oriente"). Isso por que, no Oriente, a reencarnação é um ensino básico de todas as religiões já praticadas, e cuja influência sempre se fez presente no pensamento judaico-cristão. Além disso, muito se deve à Filosofia Oriental pelo renascimento dessa doutrina no Ocidente, a partir do século 19, depois de ela ter sido banida do Cristianismo, no polêmico Concílio Ecumênico de Constantinopla II (553), tendo em vista as interferências exercidas nele por parte do Imperador Justiniano.

A princípio, esse conceito do renascimento da reencarnação no Ocidente foi muito tímido, o que não é de se admirar, pois foram séculos de perseguição a essa doutrina pelo Cristianismo. Mas, com o advento do Espiritismo, da

Maçonaria, do Esoterismo, da Teosofia e de outras correntes filosóficas do chamado Neo-Espiritualismo, a reencarnação passou a reconquistar o seu espaço perdido pela força. E muito se deve a Kardec que, com suas obras básicas da chamada Codificação Espírita, neutralizou o materialismo efervescente da segunda metade do século 19, na Europa.

Hoje, a crença na Teoria da Reencarnação – como preferem denominá-la alguns filósofos e pesquisadores modernos – chega a contar com mais de 2/3 da população do Planeta. Em algumas áreas, mais de 50% dos católicos creem nela. E nos Estados Unidos, cerca de 1/3 dos batistas já a aceitam.

Entre os evangélicos, de um modo geral, ela cresce mais lentamente. Isso se explica pelo fato de que é notório hoje que os católicos estejam à frente dos evangélicos, quando se trata da evolução referente à busca da interpretação correta da Bíblia, das questões teológicas e, enfim, da verdade. Um exemplo disso é que, há muito tempo, a Igreja Católica deixou, praticamente, de lado os rituais de exorcismos, enquanto que esses rituais representam um fator de peso nos templos evangélicos, não só para a conquista de novos adeptos, mas também para evitar a evasão dos fiéis já conquistados.

Convém que se diga aqui que todo indivíduo que imanta uma entidade é um médium especial, seja ele católico, espírita, evangélico ou adepto de qualquer outra religião. E os demônios, de que tanto se fala nos meios evangélicos, até mesmo mais do que em Deus e em Jesus, na verdade são espíritos humanos atrasados.

Certa vez Jesus disse aos seus 12 apóstolos que um deles era demônio, o qual era Judas Iscariotes. Judas não possuía, pois, o demônio, mas era o próprio demônio. Examinando a etimologia da palavra demônio (do grego "daimon", plural "daimones"), constata-se que seu significado primitivo era de alma humana, que poderia ser boa ou má. Mas, como todo espírito que perturba alguém é mau, é óbvio que todos os espíritos ou demônios, que Jesus tirava das pessoas eram maus. E, assim, todos os demônios passaram a significar espíritos maus ou impuros no Cristianismo, quando existem também os demônios ou espíritos humanos bons. João, na sua 1ª Carta 4:1, manda-nos examinar os espíritos, para sabermos se são bons ou maus, falsos ou atrasados. E, é evidente que, para sabermos os tipos de espíritos, nós temos de lidar com eles, como o fazem os espíritas.

Além disso, quando Jesus libertava alguém de uma possessão espiritual, Ele não o fazia por meio de rituais espalhafatosos, não dava murros no chão, não gritava com os espíritos, enfim, não fazia teatro, como se vê tanto hoje, com o objetivo claro de impressionar os fiéis e, portanto, conquistá-los para os pastores exorcistas. Sem barulho nenhum, Jesus conversava com os espíritos, determinando que eles deixassem as pessoas. Também Davi, em 1 Samuel: 16, 23, simplesmente, tocava a harpa para que um espírito se retirasse de Saul. E, destarte, o Espiritismo está muito mais próximo das práticas bíblicas do que outras religiões cristãs, pois eles, os doutrinadores espíritas, com caridade, conversam com as entidades que se manifestam por meio de médiuns, e doutrinam-nas, mostrando-lhes as verdades evangélicas. E uma verdade deve ser dita aqui: A Igreja Católica está, aos poucos e, discretamente, recebendo influências da Doutrina Espírita. O presente livro procura trazer alguma luz a essas questões espíritas e outras afins, mostrando, principalmente, a racionalidade e a lógica da reencarnação. Tudo isso é feito com o respaldo de passagens bíblicas e de expoentes da filosofia, da teologia e da ciência.

Ajudar, pois, as pessoas a buscarem a verdade, eis o objetivo deste livro. Faço minha a frase do Dr. Martin Claret: *A nossa principal preocupação deve ser ajudar todas as pessoas a chegarem ao autoconhecimento.*

Encontrei a verdade da reencarnação e do Espiritismo ainda como católico. Escrevi, pois, este livro para todos os cristãos, mostrando-lhes a grande verdade da reencarnação e da evolução dos espíritos imortais, evolução essa que só pode acontecer justamente através das reencarnações. E, hoje não tenho receio de dizer que, realmente, o Espiritismo é a religião mais bíblica e mais científica que existe. E o autoconhecimento e a evolução sem a reencarnação é algo difícil de ser digerido!

E aqueles que acham um absurdo a afirmação de que a reencarnação é bíblica, digo-lhes que este livro é, simplesmente, uma amostra de muitos outros livros que vão surgir no futuro, com abordagens bíblicas mais concretas e mais numerosas acerca da reencarnação. E digo-lhes, também, que é somente agora que começamos a entender a Bíblia. Sim, porque os exegetas do passado, apesar da advertência paulina (2 Coríntios: 3,6), prenderam-se muito às interpretações literais das metáforas bíblicas. Por exemplo, o fogo da Bíblia é esotérico, figurado, enquanto que os teólogos e exegetas interpretaram-no como fogo exotérico ou igual ao fogo que conhecemos aqui no mundo físico. O fogo do

Batismo de Fogo e das línguas de fogo de Pentecostes não é igual ao nosso fogo exotérico. E por que, então, o fogo do inferno não seria também metafórico? Assim, igualmente, agiram com relação a Jesus, tomando-O mesmo como uma videira, um cordeiro sacrificado, um pão vivo que desceu dos céus, uma água viva como a da torneira, e a Hóstia Consagrada como seu corpo real, etc., quando todas essas afirmações são metafóricas.

Os biblistas não ignoram que sabemos muito pouco a respeito da Bíblia. E não seria isso, justamente, por que a Bíblia foi interpretada erradamente, e, em consequência do que o Cristianismo está dividido, hoje, em mais de 300 igrejas?

E termino este prefácio dizendo que a crença na reencarnação põe-nos à prova, para que saibamos compreender, de fato, a grande diferença que há entre um cadáver que não volta e o espírito imortal que volta, pois que o espírito ressuscita ora na carne (reencarnação), ora no mundo espiritual, até que, um dia, liberto, totalmente, de suas faltas e bastante evoluído, ele ressuscite em definitivo no mundo espiritual!

Belo Horizonte, agosto de 2005.

Introdução

Influenciado pela vida de uma espiritualidade intensa de meus pais, católicos praticantes, acabei sendo atraído pela carreira sacerdotal, tendo-me internado em um seminário dos padres redentoristas, onde estudei por alguns anos.

Assim, tendo em vista a formação que recebi, eu era, radicalmente, contrário à doutrina reencarnacionista, procurando ler tudo que a condenava.

Um dia, porém, veio-me uma pergunta de meu interior, mais ou menos assim: será que não existe mesmo a reencarnação?

Depois disso, passei a refletir muito acerca da hipótese da reencarnação, e a ler tudo sobre o assunto que me aparecia pela frente. Em pouco tempo, tornei-me mais um adepto dessa doutrina mais universal e a mais antiga da História da Humanidade.

Tornou-se para mim um "hobby" a leitura de livros de parapsicologia, de Allan Kardec, de outros autores espíritas e de autores ocultistas e esotéricos, entre eles Rudolf Steiner, Helena Petrovna Blavatsky, Pietro Ubaldi, Gurdjieff,

Charles Leadbeater, Ouspensky, Alice Bailey, Paul Brunton, René Guénon, os quais mudaram a minha visão de vida na área espiritual, pois os ocultistas e esotéricos, assim como os autores espíritas mostram-nos as coisas como elas realmente são, conhecidas que se tornaram deles através de experiências milenares, acontecidas naturalmente, sem censuras, sem sectarismo e sem dogmas. Aliás, é sabido que os espíritas, os ocultistas e os esotéricos procuram saber e não tanto crer. Um exemplo deixa clara essa questão: ninguém crê que dois mais dois são quatro, mas sabe que são quatro, ou crê sabendo.

E, destarte, eu queria constatar se a reencarnação estava mesmo na Bíblia. Por isso passei a analisar frase por frase da tradução para o português, da Bíblia traduzida por João Ferreira de Almeida, que é uma das melhores traduções. E comprovei nas entrelinhas ou, em outras palavras, de um modo oculto, velado ou esotérico, ideias sugestivas da reencarnação, tanto em *O Velho Testamento* quanto em *O Novo Testamento*.

Foram cerca de dezoito meses de estudo desses textos. E, para melhor esclarecimento das questões, recorri a outras traduções, à *Vulgata* de São Jerônimo e a alguns textos em outras línguas.

Amadurecido o assunto em minha mente, e com o auxílio de pesquisas de vários autores de diversas áreas religiosas, surgiu-me a ideia de escrever este livro. Nele há uma coletânea de dados e exemplos que mudaram o meu modo de pensar, fazendo-me crer que a reencarnação existe.

Mas, antes, um pensamento de Descartes foi-me muito útil. Ei-lo: *Para chegarmos à verdade, é preciso, uma vez na* vida, que nós nos desliguemos de tudo que aprendemos, e comecemos tudo de novo.

Um outro pensamento que me fez refletir bastante acerca da verdade religiosa foi o de Mirza Ahmad Sohrab, adepto do Bahaísmo (seita islâmica semelhante ao sufismo), autor de *Bíblia da Humanidade* (*Bible of Mankind*) e de *Rosário Persa de Dezenove Pérolas*:

> *A religião é amor e fraternidade e não credos e dogmas teológicos. Quando em vosso coração nascerem a simpatia e o amor por vossos irmãos, atingistes a mais alta expressão da religião, qualquer que seja o nome que lhe derdes....*

Belo Horizonte, agosto de 2005.

1
A *universalidade da* reencarnação

Desde que o ser humano passou a acreditar no sobrenatural, surgiu também a crença de que nós, de algum modo, continuamos a existir após a morte de nosso corpo. E muitas foram e são as ideias sobre como continuamos a existir depois que o nosso corpo retorna ao pó que ele é em sua essência.

E, automaticamente, se é que podemos nos expressar assim, foi surgindo, em conjunto com a crença da sobrevivência do espírito, a da reencarnação, ou seja, a crença de que o espírito volta a reencarnar em outro corpo que nasce, exatamente, como aconteceu na primeira vez que ele se encarnou. Esse modo de pensar tem muita lógica, pois o mais difícil seria a primeira encarnação do espírito, o qual ainda não tinha nada que o ligasse ao nosso Planeta, nada que o atraísse para aqui se encarnar.

Após a primeira encarnação, o espírito criou alguma raiz e certa afinidade com a Terra e com a vida em um corpo físico carnal, fatores esses que, de alguma forma, atraem o espírito para novas experiências e novas manifestações na matéria apropriada para isso, que é o corpo humano, o qual foi criado por Deus, através do próprio homem que assim se torna um cocriador com o Criador. Tudo isso sem falar nas questões cármicas que, também, atraem o espírito para continuar a sua evolução e purificação.

Aspectos históricos

Com a abertura religiosa que houve no Ocidente, após o fim da Inquisição, voltou a renascer nos meios cristãos a teoria da reencarnação ou doutrina do retorno do espírito à vida terrena. No alvorecer do Cristianismo, a reencarnação era, normalmente, aceita pelos seus mais eminentes teólogos e biblistas, como nós veremos em outras partes deste livro. E seu crescimento no Ocidente, ultimamente, vem acontecendo vertiginosamente.

Lá pelas bandas do Oriente, temos o berço de todas as religiões, inclusive de nosso Cristianismo. Em outras palavras, como já vimos, "a luz vem do Oriente" ("Lux ex Oriente"). E lá, a reencarnação é milenar, embora alguns pesquisadores dela sejam de opinião de que ela tenha surgido, primeiramente, entre os cátaros, há milhares de anos. Não entrando nessa polêmica de alguns pesquisadores modernos, entre eles o francês Jean Prieur, autor de *O Mistério do Eterno Retorno*, nós somos de opinião de que a crença no renascimento – palavra mais antiga e a mais universal para designar a reencarnação – foi surgindo, praticamente, ao mesmo tempo entre todos os povos, à proporção que eles foram se tornando civilizados, de um modo quase que instintivo, ou mais precisamente, de modo intuitivo.

Desde priscas eras, Hermes já pregava a reencarnação no Egito, enquanto que Krishna também já a ensinava na Índia. Mais tarde, outros grandes sábios, filósofos e líderes espirituais propagavam-na, igualmente, pelos três continentes até então conhecidos: Europa, Ásia e África. Entre esses filósofos e líderes espirituais, destacam-se Buda, Zoroastro, Confúcio, Pitágoras, Sócrates, Platão, Lao-Tsê, Terécides de Siros e Manethon.

E, em uma posição de renascimento, em uma futura vida foram encontrados em posição fetal os esqueletos do homem de Neandertal, de até 200.000 anos a.C. [1]

Como já vimos "renascimento" é o termo mais tradicional para designar o retorno do espírito às vidas terrenas. Só a partir da segunda metade do século 19 foi que Kardec criou a palavra reencarnação, que é um vocábulo mais coerente com a nossa cultura bíblica ou judaico-cristã, o que foi logo aceito por outros sábios da época. Igualmente, o termo reencarnação nada mais é do que encarnação. Mas, reencarnação designa de modo explícito que se trata de mais uma determinada encarnação. Por isso, frequentemente, falamos: fulano de tal é a quarta encarnação de determinada personalidade, o que quer dizer, a partir de tal personalidade, que já houve quatro encarnações, contando-se com ela, é óbvio. Mas, como quarta só é uma encarnação. Dizendo de outra maneira, a encarnação restringe e determina uma encarnação como uma só, embora possa representar também, de um modo subjacente, não uma

---

1. Joel L. FISCHER, *Transição Vida*, pág. 70.

encarnação de determinado espírito, mas uma infinidade de encarnações. Eu posso dizer, pois, que fulano de tal é reencarnação ou encarnação de beltrano.

O Verbo de Deus (centelha divina ou o espírito humano) encarnou-se de modo especial em Jesus, mas se encarna em todos nós também. A frase *O Verbo se fez carne e habitou entre nós* (João: 1,14) não está traduzida corretamente. A tradução correta é: *O Verbo se fez carne e habitou em nós*, ou seja, na espécie humana. No original grego lemos "em hemim", que São Jerônimo traduziu para a Vulgata Latina como "in nobis".

Mesmo quem não conhece a Língua Latina, sabe que a tradução dessa expressão "in nobis" significa "em nós" e não "entre nós". Jesus é muito importante, é o maior ser humano que já veio ao nosso Planeta, mas nós não podemos concordar com os teólogos, atribuindo somente a Ele o que Deus fez para todos nós da espécie humana. A afirmação paulina confirma também o que estamos dizendo: *O Espírito de Deus habita em vós*. (Romanos: 8,9), ou seja, em todos nós, e não só em Jesus. A expressão "Espírito de Deus" quer dizer "Espírito que tem como possuidor dele o próprio Deus", pois Deus é o Pai dos espíritos (Hebreus: 12,9). E, com a nossa evolução, poderemos no futuro tornar-nos iguais a Jesus. E recorremos, ainda, a São Paulo para confirmar a nossa tese: *Até que adquiramos a estatura mediana de Cristo* (Efésios: 4,13), Cristo (Verbo de Deus) que se encarnou em Jesus. *Continuarei a sentir as dores, enquanto eu não vir o Cristo formado em vós.* (Gálatas: 4,19).

Jesus, pois, foi um homem muito especial para poder hospedar em seu corpo o Espírito chamado Cristo.

E não tão especiais como Ele, mas houve outros avatares ou enviados de Deus para diferentes povos, em diferentes épocas, pois Deus ama todos os povos, e não faz acepção de pessoas (Atos: 10,34). E os mais conhecidos desses filhos de Deus especiais, entre outros, são Buda, Krishna, Confúcio, Lao-Tsê, Pitágoras, Sócrates, Platão, os profetas bíblicos, Orígenes, Ramakrishna, Kardec, Masaharu Taniguchi (fundador da Seicho-No-Ie), Papa João XXIII, Chico Xavier, Madre Teresa de Calcutá, Bezerra de Menezes, Eurípedes Barsanulfo, Irmã Dulce, e muitos outros anônimos.

Para os avatares ou enviados de Deus, no lugar de reencarnação, usamos encarnação, pois se trata de uma encarnação especial, determinada, explicitada, semelhante à de Jesus, e não uma encarnação qualquer, que seria reencarnação, que tem carma negativo a ser queimado. Pode-se dizer também que a reencarnação é necessária, obrigatória, enquanto que a encarnação é livre, espontânea. É que na reencarnação há carma negativo para quem reencarna. Na encarnação, o encarnado não tem carma negativo, pois ele já pagou tudo até o último centavo (Mateus: 5,26 e Lucas: 12,59). Como se vê, a diferença entre reencarnação e encarnação é muito complexa, mas, ao mesmo tempo, é também muito sutil. Segundo a filosofia, a verdade é um paradoxo. E a verdade sobre reencarnação e encarnação é um certo paradoxo. Daí a confusão que se faz com as duas palavras.

Outras palavras para designar reencarnação e renascimento são transmigração e metempsicose. Transmigração, pela sua etimologia, quer dizer caminhar ou mover-se através de (de um corpo, no caso). Indica comumente um ser humano que renasce em um corpo biológico, não importando a espécie. Para o Espiritismo, o espírito humano só reencarna em um corpo humano, pois o espírito não pode regredir. A metempsicose ou reencarnação de um espírito humano em seres de outras espécies é, pois, um grande equívoco. Etimologicamente falando, metempsicose significa "alma alterada". A alma é confundida, muitas vezes, com vida, forma e com o próprio corpo. Daí que metempsicose ou "alma alterada" tem o sentido de troca de forma, de corpo, ou seja, de espécie, o que quer dizer que o espírito humano poderia voltar encarnado em um animal ou vegetal. Mas, essa crença tende a desaparecer. Foi mais comum na Antiguidade.

Na Índia, onde a metempsicose teve no passado e tem, ainda hoje, mais adeptos, há correntes budistas e outras que ensinam que, quando se diz que um espírito humano "encarna como animal", não significa que o espírito se encarne, necessariamente, em um animal, mas tão somente que o espírito é como se fosse o de um animal. Em outros termos, o espírito humano muito atrasado, como se fosse um espírito de um animal, *encarnar-se-ia num corpo humano*. De fato, há espíritos humanos tão atrasados, que mais parecem espíritos de animais! Há indivíduos que respeitam a vida até de uma planta. E há outros que assassinam friamente uma pessoa!

Orígenes e Plotino ensinaram que, como a reencarnação implica troca de corpo e não de espírito, dever-se-ia usar a palavra metensomatose (troca de corpo) no lugar de metempsicose (troca de alma). Essa proposição só poderia vir de alguém muito inteligente. E, de fato, Orígenes e

Plotino eram dois grandes gênios. E não eram eles adeptos da metempsicose, mas da reencarnação dos espíritos humanos somente em corpos humanos. De fato a metempsicose é de acordo com o que já vimos um grande equívoco.

Modernamente, fala-se mais em transmigração no sentido de um espírito humano renascer ou encarnar-se em outros mundos. *Na casa do Pai há muitas moradas.* (João: 14,2). Em um dos próximos capítulos, voltará à baila esse assunto de transmigração e metempsicose.

Continuando a nossa revista sobre a palavra reencarnação, temos os vocábulos gregos palingenesia ou palingênese, adotadas no século 19 por cientistas que aceitavam o renascimento ou a reencarnação. Seu significado é, pois, de um fato de "nascer de novo". Na Bíblia é traduzida por regeneração, mas ela tem também o significado de ressurreição e renascimento ou reencarnação. Autores gregos clássicos usaram palingenesia nesses sentidos. Logo, na Bíblia, ela pode ter também essas conotações de ressurreição e reencarnação. Aliás, na Bíblia, a palavra ressurreição significa reencarnação, pois o que ressuscita, na verdade, é o espírito, e não a carne. A ressurreição da carne é um dogma, que está no Credo recitado nas missas. Mas, para a Bíblia, a ressurreição é do espírito, inclusive a de Jesus (1Coríntios: 15,44 e 15,50). Também Jesus disse que os ressuscitados são iguais a anjos, e anjos são espíritos humanos de alta evolução (Mateus: 22,30 e Marcos: 12,25).

Licantropia é a crença pertencente ao folclore mundial em que o espírito humano pode, temporariamente, assumir a forma de um animal. O lobisomem (homem-lobo) é um exemplo de licantropia.

Todas essas coisas têm um sentido principal comum, ou seja, a sobrevivência do espírito após a morte do corpo, sentido esse acompanhado do da volta do espírito ao nosso mundo físico ou de um jeito ou de outro.

A crença na reencarnação é tão natural, que ela até parece ser um dos arquétipos do inconsciente coletivo de Jung, se assim nos podemos expressar. E isso não nos é estranho, pois ela é milenar na História da Humanidade. E seria isso uma das causas de ela estar conquistando, cada vez mais, mais adeptos em todo o mundo ocidental?

Pitágoras

O conhecimento tradicional apresenta-nos Pitágoras como um grande matemático e nada mais. Mas, na verdade, os estudos esotéricos nos mostram que ele era mais filósofo espiritualista do que matemático. Ele era até um iniciado. E sua sabedoria sobre os números era justamente um produto de sua iniciação.

Pitágoras, além de um grande filósofo e matemático, era também um grande espiritualista. Foi o fundador da famosa escola iniciática de Crotona, conhecida na Antiguidade como Escola Pitagórica.

A sua intuição possibilitou-lhe perceber que Deus, ao criar o mundo, usou de números, pensamento esse defendido também por Platão. E a Bíblia, igualmente, o confirma: *Deus, ao criar todas as coisas, usou para isso peso, medida e números.* (Sabedoria: 11,21).

Com sua iniciação e seu dom mediúnico ou espiritual, lembrava-se de suas vidas passadas. Esse dom é raro entre as pessoas. E a Bíblia nos fala também de nosso esquecimento das vidas passadas: *Somos de ontem e nada sabemos.* (Jó: 8,9). Essas lembranças de vidas passadas ocorrem mais em estados alterados de consciência (transe, coma, desmaio, durante o sono ou estado onírico, desdobramento, etc.). Pitágoras lembrava-se de que foi em vidas passadas uma prostituta na Lídia; lavrador na Trácia; o profeta Hermótimus, que foi queimado vivo por seus adversários; e Euphorbus, guerreiro troiano. Chegou até a reconhecer a couraça que, como guerreiro, usou na Guerra de Troia.

Sua vida como o profeta Hermótimus, morto na fogueira, parece envolvê-lo, carmicamente, como Pitágoras de Samos, pois fora perseguido também em Crotona, justamente, por sua filosofia também, espiritualista, ensinada nessa cidade italiana pertencente à antiga Grande Grécia.

Sócrates

Sócrates, segundo seu mais ilustre discípulo, Platão, ensinava a imortalidade da alma, bem como seu retorno à vida terrena. Foi, sobretudo, um filósofo místico. Cognominado "Mestre da Filosofia", ele pregou e viveu um amor fraterno próximo ao do ensinado por Jesus.

Sobre Sócrates, assim se expressou Alceu Amoroso Lima (Tristão Ataíde):

> *Cristo, Verbo de Deus, vinha ser, humanamente falando, a realização não apenas dos profetas, mas dessas vozes humanas, como a de Sócrates ou a de Virgílio, que, do fundo do helenismo ou da latinidade, tinham como que*

um pressentimento obscuro daquilo que, do fundo da raça eleita, os Elias e Isaías, Ezequiéis e Jeremias anunciavam. Só mesmo a divindade de Cristo poderia transcender a humanidade de Sócrates. [2]

E diz, ainda, o grande pensador católico: *A mais alta voz do paganismo se antecipava, como um profeta desconhecido, à mais alta voz do cristianismo.*[3]

Rodolfo Mondolfo, catedrático de História da Filosofia de várias universidades italianas e autor de há cerca 400 obras, afirma:

> *A religiosidade de Sócrates acentua-se no misticismo de Platão e nos neoplatônicos; e o finalismo socrático transforma-se em inspiração essencial dos sistemas platônico e aristotélico, e passa, por intermédio de Cícero, à teologia cristã. Magalhães Vilhena lembra-nos que, entre os padres da Igreja, São Justino e Santo Agostinho consideravam Sócrates um precursor e mártir pré-cristão, partindo daí a tradição que o torna modelo da 'anima naturaliter christiana'. (Rodolfo Mondolfo,* **Sócrates***, São Paulo, Editora Mestre, 1972).*

Erasmo, o mais ilustre dos humanistas da Renascença, cognominado o "Voltaire latino", chega até a incluir Sócrates entre seus santos, e, para escândalo de Lutero, reza: *Sancte Sócrates, ora pro nobis.*

Em "Fédon", Platão nos narra um diálogo entre Sócrates e Cébes:

---

2. SOCRÁTES, *Vida e Pensamento*, pág.76,77.
3. Idem, ibidem, pág.76.

Efetivamente, Cébes – retorna Sócrates –, nada é mais verdadeiro, segundo creio, e nós não nos enganamos em reconhecê-lo. É certo que há um retorno à vida, que os vivos nascem dos mortos, que a sorte das almas boas é a melhor, aquela das más é a pior.

A afirmação de Sócrates de que os vivos nascem dos mortos é semelhante àquela de São Paulo relacionada com a ressurreição: *Insensatos! O que semeias não nasce, se primeiro não morrer.* (1 Coríntios: 15,36). E, como veremos mais adiante, a reencarnação é uma espécie de ressurreição provisória, enquanto não venha a ressurreição propriamente dita do final dos tempos pregada por Jesus, e que, entre outras coisas, consistirá na cessação da morte do corpo do homem, pois nós nos libertaremos do corpo ou da reencarnação na Terra. Sem o corpo material, carnal, obviamente não haverá mais morte para o homem, já que, como espírito, ele é imortal. Esse é o pensamento do Espiritismo, do Candomblé, da Umbanda, da Maçonaria, Teosofia, Esoterismo, Quimbanda, Logosofia, Cabala, Seicho-No-Ie, Caodaísmo, Sufismo, Gnose, Templários, de boa parte dos católicos, evangélicos e islâmicos, e das religiões orientais, enfim, praticamente, de quase toda a Humanidade.

Terminando essas considerações sobre o "Mestre da Filosofia", convém lembrar aqui que Sócrates foi bastante valorizado por todos os grandes filósofos, entre os quais se destacam Platão, Aristóteles, Cícero, Santo Agostinho, São Tomás de Aquino, Emerson, Espinosa e outros.

Uma das provas do seu profundo sentimento de religiosidade é a preocupação dele, nos últimos instantes que precederam sua morte, com uma promessa feita e ainda não cumprida. Era comum na antiga Grécia ser sacrificado o galo, símbolo da vigilância, ao deus Eusculápio ou Asclépio. E estas foram as últimas palavras de Sócrates dirigidas ao seu amigo Críton: *Críton, devo um galo a Asclépio. Não se esqueça de pagar essa dívida.*

Uma ressalva deve ser feita aqui. Por ignorância da parte de alguns e, provavelmente, por má fé de outros, Sócrates foi acusado de ter como guia espiritual o demônio ("daimon"), no sentido que essa palavra tomou, nos meios cristãos, de ser apenas espírito mau, atrasado. Mas, de acordo com a sua etimologia e com o seu significado original bíblico em grego, "daimon" é alma ou espírito humano que pode ser espírito mau, sim, mas pode ser também bom. Quando Sócrates, pois, dizia que tinha um demônio que o protegia, é como se ele dissesse que tinha um anjo da guarda ou um espírito guia e protetor a protegê-lo. Mas como Jesus só tirava demônios maus das pessoas, pois demônio bom não perturba ninguém, demônio passou a significar erradamente só espírito mau. E é bom que se diga aqui que diabo ("diabolos", adversário ou pecado), satanás, lúcifer (porta-luz, inteligência) não são espíritos. Daí que Jesus nunca tirou diabo e satanás de ninguém, mas apenas demônios ou espíritos impuros (ainda não purificados). Fizeram, pois, uma confusão dos diabos com os diabos! Orígenes, o adamantino, e outros biblistas e teólogos do Cristianismo primitivo já ensinavam que, um dia, os demônios se regenerariam. Essa tese chama-se Doutrina da "Apocatástase" (regeneração). E ela cresce hoje, quando se sabe que os demônios, de fato, são espíritos humanos, a maioria dos quais precisa de ajuda, esclarecimento e preces, trabalho esse feito de modo especial pelos espíritas e por Jesus, que pregou o Evangelho nos infernos (hades) para os espíritos dominados pelo pecado (1 Pedro: 4,6). No tempo de Sócrates, ou seja, no tempo da literatura grega antiga, demônio era considerado até como parte de Deus, o que nos lembra de uma frase de Isaias: *Eu formo a luz, e crio as trevas; faço a paz, e crio o mal; eu o Senhor, faço todas estas coisas.* (Isaías: 45,7). E Platão foi chamado de demônio divino, o que nos mostra que o demônio pode ser mesmo um espírito humano de escol.

Reiteramos, pois, para a clareza dos meus queridos leitores e queridas leitoras, que, na Bíblia, demônios são almas ou espíritos humanos, já que esse era o seu significado quando a Bíblia foi escrita.

Se os demônios são espíritos humanos atrasados e que, por isso mesmo perseguem as pessoas, já os anjos são espíritos humanos de elevada evolução. Assim pensa também uma corrente de teólogos europeus, entre eles, o padre François Brune, representante do Vaticano para Transcomunicação (contato com os espíritos via eletrônica) e autor de *Os Mortos nos Falam*, (Editora EDICEL, DF). Aliás, Gabriel, um dos anjos mais conhecidos na Bíblia, quer dizer "Homem Iluminado" ou "Homem de Luz". E Buda significa também "Iluminado". Hoje, reina entre os cristãos não espíritas uma grande confusão sobre o demônio. E muitos teólogos nem acreditam mais na existência do demônio. Mas ele existe, sim, só que não do jeito que os teólogos do passado imaginavam. Ele é apenas um espírito humano que está nas trevas. Por isso São João diz: *Irmãos, examinai os espíritos, para saberdes se são provenientes de Deus ou das trevas...* (1 João: 4,1). E Paulo fala também no dom espiritual de discernir espíritos que algumas pessoas possuem (1 Coríntios: 12,10).

Portanto, quando Sócrates dizia que seu demônio o ajudava, ele queria dizer que um espírito humano elevado, um gênio ou uma espécie de anjo da guarda o protegia.

Platão

Na Antiguidade, Platão foi um dos mais destacados defensores da teoria da reencarnação. Como se sabe, foi ele quem nos transmitiu a filosofia de Sócrates, através de seus escritos, principalmente na obra *A República*. Sobre ele diz Emerson: *Platão é a filosofia, e a filosofia é Platão.*

Com a sua autoridade, Paul Tannery nos afirma: *Foi Platão o primeiro filósofo que revelou à humanidade a esfera da transcendência, e que mostrou a possibilidade de construir um sistema metafísico.* Realmente, Platão sempre se mostrou sintonizado com um espiritualismo presente em todas as suas obras. Em "Timeu", quando trata da matéria, reconhece os princípios primordiais, ou seja, a essência do paradigma da ideia, segundo a qual Deus organiza o mundo, ao afirmar a existência de um estado de equilíbrio anterior à organização dos Cosmos.

Santo Agostinho confirma o misticismo de Platão, que ele considerava, além de um filósofo místico, um teólogo e metafísico. Deixemos que nos fale sobre isso o próprio Santo Agostinho:

> *Tu (Deus) me proporcionaste, por intermédio de um homem inflado de orgulho imenso, alguns livros dos*

> *platônicos, traduzidos do Grego para o Latim, onde encontrei escrito, se não com as mesmas letras, certamente com o mesmo significado e muitas provas convincentes, o seguinte: 'No princípio era o Verbo, e o Verbo estava com Deus. Tudo foi feito por meio Dele, e sem Ele nada foi feito. O que foi feito, Nele é vida, e a vida era a luz dos homens; e a luz brilha nas trevas, e as trevas não a apreenderam. Aí encontrei também a alma do homem, embora dê testemunho da luz, não é a própria luz. Mas o Verbo, que é Deus, é a luz verdadeira que ilumina todo o homem que vem a este mundo'.* [4]

Esses livros, aos quais se refere Santo Agostinho – e que muito o influenciaram em sua conversão ao Cristianismo são de filósofos e teólogos neoplatônicos, que se baseavam na filosofia platônica e na de seus discípulos, muitos dos quais eram cristãos. Sobre a existência do mal, que muito atormentava Santo Agostinho, lemos na Introdução de *Confissões*: [5]

> *A solução, porém, lhe virá do platonismo: o mal é a privação do ser, é limite, é carência. Através da filosofia platônica, atingiu outra idéia de fundo: o conhecimento de Deus somente pode ser atingido pela purificação que liberta tudo o que pertence ao mundo sensível.*

Os que entendem de mediação ocultista e de Ioga sabem que nestes dizeres agostinianos há do que se chama iluminação, e que equivale ao chamado êxtase dos santos cristãos.

---

4. SANTO AGOSTINHO, *Confissões*, Livro, VII, 9.
5. *Confissões*: vida e obras, Edições Paulinas.

Kant, com seu idealismo, foi um dos grandes filósofos que mais se identificaram com o pensamento platônico. São muitas as correntes filosóficas e teológicas que também se identificaram com o Platonismo. E isso é muito válido, pois, além de seus méritos como um dos maiores gênios filosóficos de todos os tempos da História da Humanidade – para não dizer o maior, como muitos o sustentam, Platão foi também um dos criadores da metafísica e do esoterismo da nossa cultura ocidental, questões essas que se completam uma à outra pelas suas afinidades.

Assim é que Platão, no mundo moderno, quando os ventos da liberdade religiosa sopram de todos os lados, volta a ocupar o primeiro lugar em razão de ser o patrono e inspirador das mais variadas correntes filosóficas e teológicas do Ocidente, como acontecia nos primeiros séculos do Cristianismo. Primeiro lugar, aliás, muito bem merecido.

Terminamos esta parte com uma afirmação de Édouard Schuré: *Os primeiros padres da Igreja renderam homenagem a Platão: eis por que Santo Agostinho lhe deve dois terços de sua teologia.* E São Clemente de Alexandria tinha por método: *Começar por Platão para chegar a Cristo.*

Aristóteles

Desconhece-se a posição de Aristóteles a respeito da teoria da reencarnação. Sabe-se que mais da metade de suas obras desapareceu, metade essa calculada em cerca de 500 trabalhos, segundo alguns pesquisadores da bibliografia aristotélica. E fica a dúvida se tais obras não teriam desaparecido, justamente, porque elas poderiam defender a tese da existência da reencarnação. O certo é que ele era discípulo de Platão.

Com efeito, se na metade de suas obras, que não foi destruída, nada encontramos que nos autorize a afirmar que ele era reencarnacionista, na outra metade, desaparecida, nós não encontraríamos algo que nos autorizasse a afirmar o contrário?

A questão se complica mais ainda, quando sabemos que alguns estudiosos do estagirita põem em dúvida o pensamento aristotélico quanto à imortalidade da alma.[6] E sabemos também que Aristóteles admirava muito seu mestre Platão, de quem foi aluno durante mais de vinte anos. A admiração era tanta, que quando Platão morreu esse seu mais ilustre discípulo chegou a lhe erigir um altar, como se ele fosse um deus. E Aristóteles foi a única pessoa que ouviu até o fim a leitura do tratado que Platão fez a respeito da alma. Mestre e discípulo mantinham grande admiração e respeito recíprocos. Platão orgulhava-se de ter Aristóteles como discípulo. E o estagirita era tão platônico, que suas obras estão impregnadas de Platonismo, mesmo naquelas questões em que Aristóteles era mais antiplatônico.

Se Platão era um grande filósofo místico, e acreditava na imortalidade da alma e no retorno dela à vida terrena, podemos concluir, sem sermos tachados de precipitados, que Aristóteles deve ter recebido alguma influência de seu mestre, no tocante a estas duas questões: imortalidade da alma e reencarnação (transmigração), embora não haja registro disso.

---

6 João de DEUS, *O Destino do Homem*, pág.82.

Uma coisa é certa, ou seja, as obras platônicas defendem a reencarnação (transmigração), e, certamente, foi por isso que tentaram destronar Platão do Cristianismo, e colocar em seu lugar Aristóteles. Mas, para isso, provavelmente, tiveram de fazer mais alguma coisa semelhante à "queima de arquivo"! E não estaria algum dos incêndios da Biblioteca de Alexandria ligado ao desaparecimento da metade das obras de Aristóteles, a que já nos referimos?

Afinal de contas, por que substituir Platão por Aristóteles, como filósofo da Antiguidade Grega identificado com o Cristianismo, se Aristóteles, apesar de acreditar em Deus, tinha uma vida voltada para o materialismo, totalmente contrária à de Platão, que se pautava justamente por um acendrado misticismo?

Assim é que Aristóteles fundou em Atenas o Liceu, cujo objetivo era estudar as ciências naturais. Já Platão, mais sintonizado com a filosofia e o espiritualismo, fundou também em Atenas, a Academia, a qual se destinava ao estudo da filosofia que, como se sabe, tem mais afinidade com o espiritualismo do que, com este, tem a ciência.

Mas, o certo é que, talvez por uma questão de inovação, ou por querer manter a Igreja isenta de influências filosóficas antigas, as autoridades eclesiásticas da Igreja medieval consagraram Aristóteles como seu filósofo-patrono da Antiguidade, em substituição a Platão, que, até então, sempre fora o filósofo antigo mais admirado pelos cristãos. Foi por intermédio de São Tomás de Aquino, auxiliado por Santo Alberto Magno, que se concretizou essa substituição, quando se criou a famosa filosofia aristotélico-tomista ou aristotélico-tomasiana, a qual tinha por base a filosofia escolástica da Igreja.

Em uma atitude frontalmente contrária à Bíblia, Aristóteles defendia a tese de que o mundo era eterno, ou seja, não criado.

Um filósofo árabe de renome e contemporâneo de São Tomás de Aquino, Averróis, foi um grande divulgador das ideias aristotélicas na Idade Média. Ele era materialista e gozava de muito prestígio entre os árabes. Era o século XIII, quando a Europa se achava totalmente mergulhada no obscurantismo medieval. Apesar disso, a Igreja era cautelosa em suas atitudes.

Santo Tomás de Aquino respeitava muito Averróis. E promover as ideias de Aristóteles, tendo em vista o prestígio de Averróis, não seria um meio para manter relações amistosas com os árabes?

Não queremos afirmar que teria sido para melhorar as suas relações com os árabes que a Igreja promovera Aristóteles. Cremos mais que o objetivo principal de tudo isso fora afastar do pensamento da Igreja as influências platônicas de reencarnação, pois a Igreja naquela época tinha um verdadeiro pavor das ideias consideradas pagãs. Daí a Inquisição ter estado em plena atividade naquele período.

Mas, o certo é que São Tomás de Aquino agiu com muita cautela e diplomacia, tentando evitar um choque com Averróis. E teve uma saída muito engenhosa, embora ela deixe dúvidas. Segundo ele, Deus poderia ter criado o mundo desde toda a eternidade junto com Ele. E indultou, assim, tanto Aristóteles como Averróis de serem opositores dos ensinamentos bíblicos.

Ao falarmos a respeito de Platão e Aristóteles, não poderíamos deixar de fazer esse paralelo que estamos fazendo entre os dois, já que ambos são os dois filósofos da Antiguidade mais importantes para a nossa cultura ocidental. E nesse paralelo que estamos fazendo entre os dois famosos gênios da filosofia, a questão religiosa não poderia ficar de lado, já que o Cristianismo deles recebeu muita influência. De Platão recebemos influência pela afinidade que há entre o Cristianismo e o Platonismo. E de Aristóteles recebemos uma influência mesclada, censurada e filtrada pelo Tomismo, mais por imposição da Igreja do que por afinidade propriamente dita com o Cristianismo.

Paul Tannery diz: *É a tradição platônica que domina os primeiros escolásticos e inspira realismo.*

Leão XIII quis, sem dúvida, modernizar a escolástica, com sua Encíclica "Aeterni Patris". Mas convocando, ao mesmo tempo, os filósofos cristãos a não se afastarem da verdadeira escolástica. Ora, se os primeiros escolásticos, menção feita linhas atrás, eram platônicos, as bases da escolástica, da qual Leão XIII recomenda aos filósofos cristãos que não se afastem, são platônicas.

A verdade é que, como filósofo, São Tomás de Aquino (aristotélico) é mais importante do que Santo Agostinho (platônico). Mas Santo Agostinho, com sua Patrística, é mais teólogo do que o "Doutor Angélico". E, como temos várias oportunidades de ver neste livro, Santo Agostinho tinha certa simpatia para com o fenômeno da reencarnação, o que não constitui uma novidade diante do que acabamos de verificar, justamente, em virtude do grande envolvimento desse grande sábio com o Platonismo.

E quando dissemos que houve tentativa de destronar Platão, fizemo-lo de propósito, pois tudo não passou mesmo de uma tentativa, já que Platão continua com seu pensamento vivo entre os cristãos, e gozando de grande prestígio não só entre eles, mas entre todas as correntes filosófico-místicas antigas e modernas.

2

A grandeza de Deus, do Universo e do Homem

Por mais que queiramos definir Deus, caímos no ridículo, pois seres finitos como nós jamais teríamos condições de entender um ser infinito. Vale a nossa boa-fé para tentar defini-Lo. Mas, nenhum teólogo autêntico julga-se em condições para tal. Por isso, vãs foram as tentativas que os filósofos e teólogos do passado fizeram para explicar Deus. Daí que tiveram de transformar algumas de suas doutrinas em dogmas, que foram impostas à força e não pela razão e a lógica.

São Tomás de Aquino, em um momento de inspiração e intuição, foi feliz em sua ideia de Deus, quando disse: *É mais fácil dizermos o que seja Deus, do que o que Ele é*. De fato, a forma verbal do subjuntivo "seja" dá uma ideia vaga, não completa, de Deus, o contrário da forma verbal do indicativo "é", que tem sentido de uma ideia certa, decisiva, de Deus. Em outras palavras, para São Tomás de Aquino só podemos definir Deus de um modo vago, incompleto.

Nem mesmo podemos dizer que Deus é amor, bom e sábio, pois Ele transcende esses atributos. Jesus disse que somente Deus é bom (Mateus: 19,17). Mas, ao atribuir somente a Deus essa palavra, certamente Ele a usou com uma conotação diferente daquela que hoje lhe atribuímos, por exemplo, bom ao infinito, bom incondicional, perfeito ao infinito.

Os orientais, com muita sabedoria, afirmam: *Deus é aquele Ser do qual nada pode ser dito.* E o herege Eutiques disse uma grande verdade, embora isso quase lhe tenha custado a morte: *Quem sou eu para dizer alguma coisa sobre Deus!* Mestre Eckart, o grande sábio dominicano do século XIII, que escapou da morte na fogueira porque morreu de vésperas, disse: *Sobre Deus só podemos dizer o que Ele não é.*

Também Lao-Tsê, com inspiração toda especial, produto de um conhecimento intuitivo, afirmou referindo-se a Deus: *Se você pode dar-Lhe um nome, não é Deus. Se você pode defini-Lo, não é Deus.*

É somente através da parte manifesta de Deus que podemos ter uma ideia aproximada da realidade divina, parte essa que está em nós como, aliás, está também na natureza, no cosmos. Muito bem, pois, disse o apóstolo Paulo, ou seja, que somente a natureza pode revelar Deus aos homens.

Mas, o próprio Deus se definiu para nós: *Eu Sou o que Sou.* (Êxodo: 3,14). Em outras palavras, Ele é o que Ele é. Mas, quando saberemos o que Ele é?

Porém, para que tenhamos uma ideia aproximada do que seja Deus em sua infinitude, abrangendo ao mesmo tempo seus dois lados, imanifesto e manifesto – isto é, transcendental e imanente, demos uma olhadela no Universo. Mas, não confundamos Deus com o Universo, pois

Deus é mais do que o Universo, no qual pode estar presente sempre que o desejar.

Entretanto, se Deus é infinito, nada do Universo pode faltar-Lhe. Ele tem de abranger tudo. Teilhard de Chardin disse que via Deus no átomo, o que é panenteísmo (Deus presente em tudo) e não panteísmo (tudo é Deus).

Se a física quântica diz que não há observador de um fenômeno, mas participante de um fenômeno, com mais razão podemos afirmar que a participação de Deus em tudo é um fato, interagindo Ele com tudo, onipresente que é. Se tudo não é Deus, como quer o panteísmo, podemos dizer que Deus está em tudo (panenteísmo), pois como disse Espinosa, há uma relação entre o finito e o infinito. É o princípio de Hermes Trismegistro: *Assim como é em cima, assim é embaixo*. É uma espécie de totemismo. E essas elucubrações sobre Deus têm o respaldo bíblico: *Eu sou o Alfa e o Ômega*. No *Bhagavad Gita* há uma frase que nos dá uma ideia bem diferente da que nós ocidentais temos de Deus, e que, no entanto, no fundo, é praticamente a mesma coisa: *Embora eu não esteja em nenhuma criatura, todas as criaturas existem em mim*.

Maomé também nos deixou uma frase interessante a respeito de Deus: *Deus é um tesouro escondido, e deseja ser conhecido*. Mas, foi Jesus quem nos deu uma ideia melhor e mais simpática de Deus: *Deus é nosso Pai*.

E com o lado manifesto de Deus, com que Ele pode estar presente em tudo, e interagindo com tudo, é que nós podemos ter uma ideia vaga, aproximada da grandeza de Deus, porquanto Ele ainda tem o seu lado imanifesto, do abscôndito, que é totalmente inimaginável por nós.

Vejamos agora algo do lado manifesto de Deus: o Universo. Todos nós sabemos que a Terra gira no espaço, em torno do seu próprio eixo, fazendo o seu chamado movimento de Rotação, além do de Translação, ou seja, sua órbita em redor do Sol.

O Sol, por sua vez, arrasta consigo todos os astros de seu sistema, isto é, o conjunto de seus planetas e de seus respectivos satélites ou luas, indo à direção do ponto chamado Ápex.

Esse conjunto de astros, que mais parece um gigantesco relógio, com sua maior peça o Sol, gravita em torno do eixo de nossa galáxia, em um movimento que resulta da própria galáxia.

Mas, são muitas as galáxias, cada uma delas tem uma infinidade de estrelas, com seus planetas, e estes com seus satélites, ou seja, incontáveis sistemas solares como o nosso. Cada galáxia é tão grande que basta dizer que a nossa representa tudo aquilo que, em noite de céu límpido, conseguimos ver, a olho nu. Para atravessá-la, um foguete, com a velocidade da luz (300.000 quilômetros por segundo), levaria milhares de anos luz. Isso equivale a dizer que, se alguém tivesse uma lâmpada em uma extremidade de nossa galáxia, e o interruptor no extremo oposto ao dela, ao acionar o interruptor, tal lâmpada demoraria milhares de anos para que fosse acesa ou apagada.

A distância que separa uma galáxia de outra é tão astronômica, que a compreensão dessa distância escapa à capacidade de entendimento de uma pessoa de QI comum. E essa distância, comparada ao tamanho do Universo, é tão pequena que mais parece um navio perdido no meio do oceano.

Segundo os cálculos de Einstein, para um foguete atravessar o Universo são necessários 18 bilhões de anos-luz. Mas, ao refletirmos acerca dessa medida, surge-nos a pergunta: Depois do fim do Universo o que existe? A questão se complica ainda mais quando sabemos, hoje, pela física, que não existe espaço vazio, pois tudo está interligado por energia. É esse espaço "vazio" o que existe depois do fim do mundo?

Vejamos agora a grandeza do homem. Vasilev, parapsicólogo russo, disse: *O dia em que a humanidade descobrir a força que o ser humano tem na mente, terá sido feita uma descoberta tão importante quanto a da bomba atômica.* E a física quântica confirma isso, quando afirma que toda a energia que interliga o Universo pode receber influência de nossa mente, o que nos torna também, de certo modo, onipotentes. A física moderna continua a nos surpreender, pois, como já vimos linhas atrás, ela ensina que, quando um indivíduo observa um fenômeno qualquer, esse indivíduo, na realidade, é um participante de tal fenômeno, ficando, portanto, obsoleto o termo observador.

Essa interação entre o observador de um fenômeno e o fenômeno e, por conseguinte, entre o observador e o Universo, demonstra-nos mais uma ideia autêntica, apesar de incompleta, da grandeza de Deus e do homem. E esta grandeza de Deus e do homem, somada à grandeza do Universo, deixa-nos perplexos diante de mistérios sobre o que seja Deus. E esses mistérios, porque são de fato mistérios, e não porque alguma doutrina ou dogma esteja nos afirmando alguma norma de fé, fazem-nos provar um pouco da ideia da infinitude de Deus.

Somos, pois, de fato partes integrantes do Universo não só fisicamente falando, mas também de modo espiritual, já que a nossa mente, como estudamos anteriormente, pode influenciar a energia cósmica.

Disso nós concluímos que estamos impregnados não somente de nossos espíritos através de ondas mentais, mas estamos também impregnados do Universo, com sua matéria e sua energia, o qual, igualmente, está impregnado de nós. É o visível misturando-se ao invisível. Esse, como nos ensina a física quântica, é mais real do que aquele. Segundo ela, as coisas invisíveis são mais reais do que as visíveis. E isso está em consonância com o que nos diz o apóstolo Paulo: *Não atentemos nós nas coisas que se vêem, mas nas que não se vêem; porque as que se vêem são temporárias, e as que não se vêem são eternas.* (2 Coríntios: 4,18).

E completemos esse item acerca da grandeza de Deus, do Homem e do Universo, com mais exemplos da grandeza do homem, que, como o Universo, é produto da grandeza do Criador, pois que por uma obra pode-se avaliar a grandeza do seu autor.

Em "O Homem em Números"[7] consta que existe em todo o Universo um total aproximado de 10^{100} (dez na potência 100) de átomos. Esse número corresponde a 01 (um) seguido de cem zeros. Sabendo-se que ele é multiplicado por dez, a cada zero que se lhe acrescenta, teremos um número tão gigantesco que uma pessoa de percepção normal não pode compreendê-lo.

---

7. Suplemento científico da Revista Superinteressante, nº 7.

Pois bem, é verdade que o nosso cérebro perde grande para um computador, ao processar "bits" de informações por segundo. Todavia, o nosso cérebro é capaz de oferecer as informações que processa cerca de 10 (na potência oitocentos) opções a percorrer.

Esse número 10^{800} (dez na potência oitocentos) não é como pode parecer à primeira vista, oito vezes 10^{100} (dez na potência cem), pois são 700 zeros a mais do que existem em 10^{100} (dez na potência cem).

Se cada zero multiplica 10 por 10, teremos um número inimaginável e muito maior do que o número de átomos existentes no Universo.

Disso se infere que um computador perde feio para o cérebro humano, entre um "sim" e um "não". Com razão, pois, um cientista pesquisador do cérebro humano disse que estava convencido de que essa parte do corpo humano é realmente a morada da alma.

Se o Universo e o Homem são obras do Criador assim tão fantásticas, por que o homem seria como que descartado, jogado fora pelo seu Criador, em um prazo tão curto, quando já não nasce descartado? Não teria o Criador poder para lhe dar nova oportunidade de regeneração?

Será a matéria, que é visível, mais importante do que o espírito, que é invisível e criado à semelhança de Deus? Só por que morreu o corpo, o espírito está no céu ou no inferno para sempre?

A matéria não desaparece, mas se transforma ou "reencarna" em outra forma de matéria. E o espírito, o que acontece com ele? Segundo a teologia cristã medieval, que é ainda a mais seguida por grande parte dos católicos e, principalmente, de evangélicos, ao morrer o corpo do homem, seu espírito é descartado para o céu ou para o inferno. E disso se inferiria que Deus dá mais valor à matéria do que ao espírito, já que a matéria sempre se transforma, tendo novas chances de existência, não tendo sofrimento e muito menos um sofrimento sem fim, como o do espírito de ir para uma desgraça para sempre. Realmente, assim deve ser a visão do não reencarnacionista seguidor da citada teologia.

Mas, a teologia da reencarnação mostra-nos o contrário da teologia cristã medieval. Mostra-nos o espírito sendo amado por Deus mais do que Ele ama a matéria, e até nos amando mais do que nós mesmos nos amamos. Sim, a teologia da reencarnação nos ensina que Deus manda o espírito à vida terrena, não uma única vez e para ele correr o risco de cair em desgraça eterna. Pelo contrário, Deus manda o espírito a Terra quantas vezes forem necessárias, até que ele evolua o suficiente para a sua libertação. E, em uma única vida, isso jamais poderia acontecer.

Aliás, o Mestre Jesus nos ensinou que devemos ser perfeitos como o é o nosso Pai Celestial. Em outras palavras, temos de ter a perfeição de Deus como meta nossa pelos tempos afora. E, apenas com uma vida só não dá nem para começarmos.

Se existisse uma só vida para cada espírito na Terra, ou Deus seria louco ou estaria querendo brincar com o homem, como o gato brinca com o rato antes de liquidá-lo. De fato, se Deus criou um espírito imortal, à sua imagem e semelhança, por que daria ao espírito só uma oportunidade de viver na Terra diante da eternidade? Isso contradiz o conceito que se tem hoje de Deus, ou seja, um ser de amor, bondade e justiça.

Se nós ficamos perplexos diante da grandeza de Deus, do Universo e do Homem, mais perplexos e estupefatos mesmo ficaríamos, se fosse perdido, irremediavelmente, para todo o sempre, um só espírito humano, mesmo por que Jesus disse que o Pai não quer que se perca nenhuma de suas ovelhas, o que nos faz lembrar de São Paulo: *Se Deus é por nós, quem poderá ser contra nós?* Mas, sejamos complacentes com os teólogos do passado e os ainda de hoje, que nos ensinaram ou ensinam doutrinas erradas, pois eles foram ou são vítimas de seus próprios espíritos pouco evoluídos e comprometidos com um sistema religioso ao qual serviam ou servem.

Os ciclos

Tudo no Universo e na natureza acontece tendo como base os ciclos. Tudo vai acontecendo em repetição sem fim. Um astro termina a sua trajetória, iniciando outra em seguida.

Quantas primaveras, quantos outonos, quantos invernos e quantos verões já houve na Terra? Ninguém sabe responder a isso com exatidão. Mas todos nós sabemos que, enquanto existir o nosso Planeta vivo, as estações continuarão a se repetir e a trazer, em todos os anos, as suas características próprias que controlam a vida na Terra, fazendo um grande bem a todos os seus seres vivos, os quais, no final de uma estação de tempo bom, passam a ter necessidade e saudade da estação chuvosa e vice-versa. Realmente, as mudanças das estações fazem-nos um grande bem, inclusive psicológico.

Os nossos plantios, as nossas colheitas, tudo depende das estações do ano, como depende também dos ciclos lunares e de todo o movimento sincronizado do nosso sistema solar, e, provavelmente, de outros astros de nossa galáxia – tudo obedecendo a rigoroso esquema cíclico. *O que foi é o que há de ser; e o que se fez, isso se tornará a fazer: nada há, pois, de novo debaixo do Sol.* (Eclesiastes: 1,9). *Tudo que começa tem fim, e tudo o que tem fim recomeça, como tudo que nasce morre e tudo que morre, renasce.* (Pietro Ubaldi).

Há na Bíblia uma abundância de citações relacionadas aos ciclos da natureza, como aquelas que acabamos de ver, confirmando que, praticamente, tudo depende dos ciclos. *O que é já foi, e o que há de ser também já foi; Deus fará renovar-se o que se passou.* (Eclesiastes: 1,15).

Ora, se tudo que existe já existiu tudo inclui também o espírito que, aliás, é o que há de mais importante no ser humano. Isso é uma prova bíblica da preexistência do espírito com relação à concepção do corpo. E a preexistência do espírito é muito importante, pois ele é fator indispensável para a reencarnação.

A Galileu é atribuída uma frase que alguns autores dizem não ser de fato dele: *E pur, se muove* (E, contudo, ela se move). Teria sido um desabafo dele, não obstante estivesse sob a ameaça dos inquisidores, a respeito do movimento cíclico da Terra em torno do Sol. Uma coisa ficou como lição para os teólogos. De Galileu para cá, eles aprenderam que devem ser mais prudentes, antes de fazer as suas condenações. Mas, Galileu foi um condenado privilegiado da Inquisição. Foi bem tratado antes e depois de sua condenação, tendo, inclusive, sua pena transformada em simples detenção pelo Papa, na casa de seu amigo Niccolini. Por fim, Galileu foi viver na sua própria Vila de Arcetri, na região de Florença, e até lhe foi conferida pelo Papa uma pensão de 100 coroas, em 1630. Certamente, a Igreja já via, em silêncio, que Galileu estava certo em sua tese de que é a Terra que gira em torno do Sol (Sistema Heliocêntrico), e não o Sol que gira em redor da Terra (Sistema Geocêntrico), como dá a entender o texto bíblico (Josué: 10,13).

Para os intérpretes da Bíblia, ficou mais um exemplo de que ela não pode ser interpretada sempre literalmente. São Paulo já havia feito a advertência: *Não vos prendais à letra que assassina, mas ao espírito da letra.* (2 Coríntios: 3,6). Santo Agostinho e São Tomás de Aquino também ensinam que os fenômenos da natureza são descritos na Bíblia com uma linguagem simples que expressa o que vê e como vê. [8]

Galileu foi ao lado de Newton, Copérnico, Kepler e João Bodi um grande estudioso dos fenômenos cíclicos dos astros, principalmente do Sol e da Terra. E, sem dúvida, os exegetas do século XVII falharam grandemente, ao interpretarem, literalmente, a Bíblia no episódio que envolveu Galileu, prejudicando a ciência e a própria Bíblia.

Tanto o macrocosmo, quanto o microcosmo têm os seus ciclos. Assim é que as minúsculas partes dos átomos têm também os seus ciclos, como os têm as estrelas, os cometas e as galáxias. O ciclo solar tem um período de 28 anos, terminado o qual, o ano recomeça sempre pelos mesmos dias.

---

8. Bertrand L. CONWAY, *Caixa de Perguntas*.

Já o ciclo lunar é de 19 anos. Ao final destes, as fases da lua voltam a se repetir nas épocas do período anterior.

É conhecido também o chamado "Grande Ano de Platão". Tem uma volta completa no espaço de todas as estrelas em relação ao planeta Terra, e que dura 25.550 anos, o que equivale ao número médio de nossas respirações em um ciclo de 24 horas, e constitui um exemplo significativo do princípio cíclico que envolve o Universo e a nós. Grandes sábios de todas as épocas vêm estudando o "Grande Ano de Platão", entre os quais se destacam Ptolomeu, Nostradamus, Pierre Abano, Isaac Newton e A. Rosenberg.

A Precessão dos Equinócios, fenômeno que vem sendo observado há milênios pelos sábios, é o nome que os astrônomos dão ao movimento de oscilação do eixo da Terra, e que acontece a cada 2.145 anos, ou seja, a cada 30 graus do "Grande Ano de Platão", o qual, completo, tem 360 graus e, como já vimos 25.550 anos.

E, assim, um dia de vida humana (com uma média de 25.550 respirações) equivale, pois, microscopicamente, ao "Grande Ano de Platão", ou seja, 360 graus do ciclo macroscópico de 25.550 anos.

A Astrologia séria e científica baseia-se nesses ciclos, fatos e transformações importantes que acontecem na Terra e nos demais astros. Um exemplo disso são as 12 eras que têm cada uma 2.145 anos, e que correspondem às 12 parcelas de 30 graus, cada uma, do Zodíaco (zona circular, cujo meio é ocupado pela elíptica e que contém as 12 constelações que o Sol percorre em um ano). Multiplicando-se 2.145 de cada era zodiacal correspondente às 12 constelações zodiacais (Era de Peixe, Era de Aquário, etc.), equivalente, cada uma, aos 30 graus de um 1/12 (um doze avos) da circunferência (360 graus) do Zodíaco, isto é, 12 x 2.145 anos, temos um valor maior do que 25.550 ou 25.740, certamente, por que entram no cálculo outros dados conhecidos apenas dos astrônomos. As 12 eras zodiacais têm os nomes populares dos signos astrológicos: Áries, Peixe, Aquário, etc., que são também os nomes das constelações do Zodíaco. Um movimento completo do Zodíaco tem 360 graus, pois sua forma é uma circunferência e, como vimos correspondentes aos 25.550 anos do "Grande Ano de Platão".

É interessante observar que os signos são encontrados em forma de pinturas em muitas catedrais cristãs antigas. Essas pinturas correspondem às frações (signos) do movimento do Sol em relação ao Zodíaco, sendo, pertencentes à Astronomia. E o sentido das citadas pinturas nas catedrais cristãs antigas é astrológico, pois a Astronomia, propriamente dita, ainda não existia quando elas foram feitas.

E baseiam-se no movimento solar as áreas ou espaços de 30 graus do Zodíaco, a cada período de 2.145 anos, cujo percurso total de todas elas feito pelo Sol corresponde a 25.550 anos, ou ao já citado "Grande Ano de Platão", perfazendo as 12 áreas o total de 360 graus da circunferência do Zodíaco.

Estamos acabando de sair da Era de Peixe dos últimos 2.145 anos, e estamos começando a Era de Aquário, que deve terminar lá pelo século 42, isto é, quando se passarem mais 30 graus do movimento das constelações do Zodíaco (ou mais 2.145 anos), após o que se iniciará a Era de Capricórnio, vindo depois as de Sagitário, de Escorpião, de Libra (lá pelo século 108), etc.

Terminado o percurso total de 25.550 anos do "Grande Ano de Platão", começa tudo de novo, ciclo após ciclo.

Em uma das melhores definições de Biologia, São Tomás de Aquino disse que a vida é movimento. E, analogamente a essa sua afirmação, nós poderíamos dizer que a cada vida terrena do espírito, que vem a este mundo físico, para se manifestar e evoluir na matéria sucede outra vida. Só que nem sempre, imediatamente, após o fim da vida de cada corpo do espírito, pois vários fatores e circunstâncias envolvem o retorno de um espírito à carne, como seu preparo e a programação para a próxima reencarnação. Mas, de qualquer jeito, cada encarnação é um ciclo para a manifestação do espírito, como de um modo coletivo os vivos sucedem aos mortos, e os mortos sucedem aos vivos, e como também o dia e a noite se sucedem, consistindo todos esses fenômenos em autênticas manifestações cíclicas.

De fato, tudo que existe volta a existir, recomeçando ou renascendo de alguma forma, terminada a etapa anterior. É como a semente que morre, mas que de sua morte faz germinar outra planta. Ou como a diástole e a sístole (movimentos de pulsação do coração), ou ainda, como a nossa respiração, com seus movimentos cíclicos de inspiração e expiração.

A célebre afirmação de Lavoisier de que nada se cria nada se perde, mas tudo se transforma, aplica-se também aos ciclos, já que o término de um implica o início de outro. E ela vale, igualmente, para as questões espirituais e morais. O bem feito no presente transforma-se no bem feito recebido no futuro. E o mal feito no presente transformar-se-á no futuro no mal recebido. É como disse São Paulo: *Nós ceifaremos o que semearmos.*

Um fato ignorado por muita gente é que a nossa festa maior do Cristianismo, a Páscoa, baseia-se nos ciclos dos astros, o que quer dizer também que sua data recebe certa influência dos astros, ou é determinada por eles.

O domingo de Páscoa acontece sempre em um domingo após a primeira Lua Cheia, que se segue ao equinócio da Primavera (Hemisfério Norte), em 21 ou 22 de março.[9] Como se sabe, no Hemisfério Sul, em 21 ou 22 de março nós temos o início do Outono. Assim, sempre que é Primavera no Hemisfério Norte, no Hemisfério Sul é Outono. E quando lá é Inverno, aqui é Verão.

São Tomás de Aquino declarou: *Os corpos celestes são a causa de tudo quanto acontece no mundo sublunar,* o que inclui, pois ele disse "tudo". Também na Bíblia encontramos referências astrológicas: *Sabes as ordenanças dos céus, podes estabelecer a sua influência sobre a Terra?* (Jó: 38,33).

Voltando ao assunto referente aos ciclos, a física quântica, hoje, nos afirma que tanto os átomos, quanto o próprio Universo estão, a todo instante, morrendo e renascendo, o que, além de mostrar a realidade dos ciclos em todo o cosmos, mostra-nos também a confirmação do que disse o criador do Hermetismo, Hermes Trismegisto: *Assim como*

---

9. Charles W. LEADBEATER, O Credo Cristão, pág. 86. Leadbeater foi sacerdote da Igreja Anglicana e, mais tarde, bispo da Igreja Católica Liberal (aquela parte da Igreja Católica que não aceitou o Dogma da Infalibilidade do Papa, proclamado em 1870, no Concílio Ecumênico Vaticano I).

é em cima, assim é embaixo. E o próprio Jesus mostrou-nos que é necessária essa interação entre o cosmos e a Terra, ou entre o macrocosmo e o microcosmo, ao nos ensinar no Pai-Nosso: *Seja feita a vossa vontade assim na Terra como nos céus*. Observemos que a palavra "céus" está no plural, o que quer dizer "cosmos", "universo", e não "céu", singular, como se fosse um determinado local geográfico, e como muitos dizem, ao rezar essa oração. A *Vulgata* também traz essa palavra no plural: "in coelis". Portanto, o correto é dizermos *Pai Nosso que estais nos céus, ou seja, no universo, no cosmos ou em toda parte em que Deus quiser estar*.

De tudo isso nos vem a pergunta: Se os seres da natureza, tanto os orgânicos quanto os inorgânicos têm seus ciclos visíveis ou invisíveis, apesar de não serem eternos, por que o espírito do homem, que é um ser que tem vida e é imortal, não teria também seus ciclos, usando um corpo para cada ciclo, já que a própria vida, que estamos vivendo no presente, é uma fase ou ciclo da existência de nossos espíritos?

É justificável que cada vida tenha novo corpo, pois o corpo é mortal. Mas se o espírito é imortal, não se justifica um espírito novo para cada corpo novo, mesmo por que um espírito imortal deve vivificar vários ou muitos corpos mortais.

Os corpos são criações do próprio homem. Por isso são mortais. E porque são mortais, há necessidade da criação constante de um corpo novo para cada vida terrena do espírito. Porém, o espírito é criação direta de Deus. Por isso é imortal, o que, como vimos, dispensa a criação de um espírito novo para cada corpo que nasce.

A ideia de atribuir um corpo novo para cada corpo novo é materialista. É dar a ambos o mesmo valor, a mesma característica. Isso se deve ao nosso costume ocidental de ver as coisas só pelo seu lado fenomênico, que é o mais importante. Jesus disse que a carne para nada aproveita, e que o que importa é o espírito que vivifica (João: 6,63). E, como vimos, a física quântica e São Paulo nos dizem que as coisas invisíveis são mais importantes do que as visíveis. Destarte, devemos ver as coisas pelas suas causas, e não pelos seus efeitos, estes geralmente visíveis, enquanto que aquelas, no geral, são invisíveis.

O nascer e o morrer dos corpos vão dando aos espíritos condições para as suas novas manifestações cíclicas na Terra. Os espíritos, necessitando dessas manifestações, são as causas invisíveis cíclicas dos efeitos visíveis cíclicos de cada corpo que nasce.

A reencarnação do psiquismo ou instinto

O espírito, deixando o corpo, carrega consigo, além de sua consciência, todas as suas experiências (evolução espiritual e moral, sabedoria, talento, instinto, etc.), as quais se manifestarão em sua vida no mundo espiritual e em suas vidas terrenas futuras. Leva consigo também seus méritos e deméritos.

Uma parte dessa bagagem recebe de alguns autores o nome de psiquismo, principalmente aquela inerente ao que comumente se chama de instinto. Esse se funde com o espírito, passando, automaticamente, de ser que morre para ser que nasce.

É o psiquismo ou instinto uma espécie de energia inteligente. Independe de nosso intelecto e vontade. É inato, e mais acentuado nos seres irracionais que nada aprendem, nascendo já sabendo tudo o que lhes é necessário para viverem e cuidarem de sua subsistência, conhecimento este que se manifesta nos momentos oportunos.

A famosa obra de Pietro Ubaldi, *A Grande Síntese* apresenta alguns casos interessantes de psiquismo ou instinto. Vejamos um exemplo dessa obra.

A larva do capricórnio, pertencente aos coleópteros, não tem nenhuma condição de se adaptar ao ambiente em que vive, pois não possui visão, audição nem olfato, mais parecendo um simples tubo digestivo. Como não poderá perfurar o tronco de carvalho, quando se transformar, futuramente, em inseto, ela o faz justamente enquanto é larva, tendo o cuidado de entrar no buraco, de modo que fique com a cabeça voltada para o lado da saída, para que, como inseto, futuramente, possa sair do orifício em que vive roendo o tronco de carvalho. Se não ficar na posição mencionada, morrerá dentro do buraco estreito cavado por ela mesma, uma vez que, como inseto no futuro, terá um corpo muito maior do que enquanto larva, ficando, pois, sem condições de se virar dentro do buraco para poder sair em sua nova vida de inseto.

Por sua condição de ser biológico muito elementar, o conhecimento dessa larva surpreende-nos com relação às condições de sua vida futura. Ela se antecipa a uma necessidade que é de vida ou de morte, necessidade essa que é prevista por esse seu conhecimento que não se perde, ao morrer como inseto, e que é transmitido às larvas descendentes.

Observemos mais alguns casos de psiquismo ou instinto. A nossa conhecida vespa já não está mais viva quando nascem seus filhotes. Por isso ela tem o cuidado de colocar junto aos ovos uma aranha picada levemente, para que fique imóvel, mas viva, e sirva como alimento fresco para seus filhotes que vão nascer no futuro. Quem ensinou à vespa tal conhecimento? Ninguém e nenhum outro ser de sua espécie. E ela não tem experiência própria desse fato, pois quando os seus filhotes nascerem ela já terá morrido. Realmente, isso só pode ser explicado pelo psiquismo ou instinto da vespa que morreu e que "reencarna" na vespa que nasce.

Uma prova de que esse psiquismo é um conhecimento automático, cego, sem raciocínio e sem aprendizagem é que cientistas, fazendo experiências com o ninho da vespa, retiraram dele os ovos e a aranha semimorta, mas a vespa continuou a construir, normalmente, uma membrana de proteção, com a qual envolve os ovos e a aranha. A vespa ignora, pois, o que está fazendo, e age simplesmente impulsionada pelo psiquismo ou instinto procedente de sua espécie e nela "encarnado".

Outro exemplo de psiquismo ou instinto que nos chama a atenção é o do urubu. Até 50 quilômetros de distância ele percebe um gato morto e sabe localizá-lo, partindo em seu encalce.

Também o psiquismo ou instinto do pombo-correio é fantástico. Solto a milhares de quilômetros de seu pombal, o pombo-correio sabe a ele retornar, sem nenhum conhecimento de longitude e latitude.

Continuando o nosso desfile pelo psiquismo ou instinto dos seres biológicos, temos o caso das aves fêmeas, que, ao chegar ao período de sua ovulação, fazem seus ninhos exatamente iguais aos que eram feitos por outras aves fêmeas de suas respectivas espécies, há milhares de anos. E há também aquelas aves que, para fugirem do rigor do Inverno no Hemisfério Norte, onde vivem, emigram temporariamente para o Hemisfério Sul, em busca de temperaturas elevadas, viajando milhares de quilômetros sobre o oceano, sem se perderem e sem perderem o seu destino.

E, encerrando essa parte de exemplos de psiquismo ou instinto dos seres vivos, temos o fenômeno do heliotropismo (sede do Sol), que é um psiquismo ou instinto vegetal. Consiste ele no conhecimento que a planta tem de que a luz solar é vital para ela. Assim, se há algum obstáculo para que uma planta receba os raios solares, ela procura crescer inclinada para eles. E temos também o fenômeno de heliotropismo nos eucaliptos, os quais crescem rápido, numa disputa com os eucaliptos vizinhos plantados ao seu lado, pois nenhum quer ficar na sombra do outro. O heliotropismo – *a voz do Sol dentro da planta* – é um dos exemplos de psiquismo ou instinto mais impressionantes dos seres vivos, psiquismo esse que "desencarna" dos seres vivos que morrem, para "reencarnar" nos que nascem.

Nós herdamos de nossos antepassados o psiquismo, os caracteres genéticos e atávicos, bem como o sangue que correu nas veias deles e que agora corre em nossas veias. E podemos herdar também os espíritos que vivificaram seus corpos e que estão agora vivificando os nossos corpos, sendo nós, portanto, os herdeiros do seu sangue e, às vezes, de seus espíritos, embora, com relação aos espíritos, possa haver circunstâncias que modifiquem essa sequência normal.

Os pecados punidos por várias gerações, de que nos fala a Bíblia, nos dão uma ideia sugestiva dos fatos normais relativos a essa questão. Que sentido teria alguém sofrer por causa do pecado cometido por um tataravô, a quem o seu tataraneto nem sequer conheceu? Porém, as coisas ficam claras, se admitirmos que o espírito desencarnado do tataravô seja o mesmo reencarnado no seu tataraneto. Ainda no decorrer deste livro, voltaremos à baila com esse assunto.

E encerramos essa parte com mais um exemplo bíblico acerca dos fenômenos cíclicos de toda a natureza, os quais nos fazem lembrar o fenômeno da reencarnação: *Levanta-se o Sol, e volta ao seu lugar onde nasce de novo. O vento vai para o Sul, e faz seu giro para o Norte; volve-se e revolve-se na sua carreira e retorna aos seus circuitos.* (Eclesiastes: 1,5 e 6).

3

Através da Bíblia

Há muitas pessoas que afirmam convictamente que a reencarnação não está na Bíblia. O autor deste livro foi uma pessoa que no passado falou também muito isso. Mas a reencarnação está lá, só que de modo oculto, esotérico ou velado, sobre o que já falamos em uma outra parte anterior deste livro.

Quando Jesus disse que examinássemos as Escrituras, até parece que Ele já previa que as autoridades religiosas agissem no sentido de camuflarem ou ocultarem algumas verdades bíblicas contra seus interesses. Devemos refletir bastante acerca do que lemos na Bíblia, pois muitas coisas estão escritas ou traduzidas com o propósito evidente de deixar algumas questões pouco claras ou ocultas. Em outras palavras, devemos nos atentar também para o que está nas entrelinhas e não só para o que está claro e tido, à primeira vista, como o que contém a mensagem para nós. Também nas pregações de líderes religiosos, é comum percebermos a tentativa deles de escamotearem o sentido principal de algumas mensagens que vão contra seus dogmas e seus interesses. É, pois, engano, pensarmos que é certa a interpretação que bispos, padres e pastores fazem da Bíblia. Não basta conhecer a Bíblia, é necessário que sua interpretação não seja preconcebida. Pelo contrário, ela tem de ser limpa e isenta de doutrinas que foram criadas e impostas à força no passado, justamente porque estavam em desacordo com a mensagem geral da Bíblia.

O indivíduo somente pode conhecer bem a Bíblia se tiver liberdade de raciocínio e oportunidade, inclusive, de fazer um estudo comparativo dela com os textos de livros sagrados de outras religiões. Como os chamados livros apócrifos nos ajudam muito a compreendermos a Bíblia, os livros sagrados de outras religiões também nos ajudam a ampliar o entendimento da mensagem da Bíblia, já que Deus se manifestou a todos os povos em épocas diferentes, pois Ele não faz acepção de pessoas, diz-nos a própria Bíblia. (Atos: 10,34). Santo Agostinho afirmou: *Por baixo da lama dos apócrifos, há ouro a ser colhido.* E nós dizemos que há muito de Deus nas escrituras sagradas de todas as religiões. Leiamos, pois os *Vedas, Alcorão, Panischades, Bhagavad Gita, Ivesta Ghatos,* os livros de Teosofia, os livros ocultistas e esotéricos, etc.

E saber citar de cor certos textos bíblicos não significa conhecer bem a Bíblia. Também um papagaio pode decorar frases bíblicas! Há muitos versados em citações decoradas da Bíblia que mais parecem papagaios, pois não as entendem ou apenas as interpretam apenas literalmente. Daí tantas divisões no Cristianismo, tantas igrejas cristãs, ou seja, mais de 300.

Não é fácil o estudo da Bíblia. Não basta para ser um bom biblista, andar com a Bíblia debaixo do braço. E pessoas sem uma estrutura cultural sólida, dificilmente, podem entendê-la bem. E, com razão, Jesus afirmou que um cego não pode guiar outro cego. E é bom que se diga aqui que é verdade que São Paulo diz que a sabedoria do homem é loucura diante da sabedoria de Deus, mas diante da sabedoria de outro homem, não é loucura, pode ser até um "show". E a Bíblia ensina-nos que devemos ser humildes, sim, mas jamais aconselha que devamos ser burros, pelo contrário. Veja-se o que diz o Eclesiastes: *Da boca* do sábio saem coisas sensatas, mas da boca do néscio, estultícias.

A Bíblia fala da ressurreição. Mas como a ressurreição, na verdade, é do espírito e não da carne, ressurreição significa também reencarnação. Como já vimos o apóstolo Paulo diz que nós temos dois corpos, ou seja, um da natureza (carnal) e outro espiritual, e o que ressuscita é o espiritual. (1 Coríntios: 15,44). Também Jesus afirmou que os ressuscitados são iguais aos anjos. Ora, anjos são espíritos, não têm corpo de carne. Talvez você que lê este livro diga que sempre ouviu falar na ressurreição da carne e nunca na do espírito. E você tem razão, pois a Igreja criou a doutrina da ressurreição do corpo material (da carne), e justamente porque ela é polêmica, pois é contra a Bíblia. A Igreja transformou essa doutrina da ressurreição da carne em dogma, e a colocou no Credo citado nas missas. Ora, essa citação nas missas transformou-se em uma espécie de lavagem cerebral.

Por isso, você que lê esse livro tem até dificuldades em aceitar, à primeira vista, a ressurreição do espírito, que é a ressurreição ensinada pela Bíblia. E, assim, quando morremos, nosso corpo volta à terra que o deu, e nosso espírito retorna a Deus que o deu. (Eclesiastes: 12,7). Em outras palavras, ao morrer o homem, seu corpo volta para a terra, pois ele é pó, enquanto seu espírito imortal, criado à imagem e semelhança de Deus, ressuscita no mundo espiritual. Ressuscitar significa ressurgir ou surgir de novo. E quando o espírito reencarna, ele ressuscita (ressurge ou surge de novo) na carne, em um corpo novo que nasce. É por isso que dissemos que ressurreição na Bíblia pode significar também reencarnação, pois é sempre o espírito que ressuscita.

E, um dia, quando o espírito estiver purificado de seus pecados e tiver pagado tudo até o último centavo, como ensinou Jesus, ele ressuscitará em definitivo no mundo espiritual, para não voltar mais. *Aquele que se tornar vitorioso, eu o transformarei em coluna no reino dos céus, donde ele não sairá jamais.* (Apocalipse: 3,12). Mas quem já se tornou vitorioso em definitivo?

E terminamos essa parte com a afirmação do Frei Conrado Nindmeier, parapsicólogo e diretor da Universidade de Atibaia, SP, de que a reencarnação está na Bíblia: *Isso depende da vontade de quem lê. Não está lá, mas se você ler com esses olhos, vai achar.* [10]

Ressurreição e reencarnação

Muitos acham que a ressurreição e a reencarnação são coisas incompatíveis, o que é um grande equívoco. Para esclarecer de vez o assunto, devemos atentar para o fato de que a ressurreição bíblica é na chamada fase escatológica

---

10. *Revista Isto É*, nº 1.285, 18-05-94.

do homem ou no final dos tempos – final dos tempos, e não do mundo, enquanto que a reencarnação sempre aconteceu, acontece e acontecerá antes da mencionada fase escatológica do homem, como uma espécie de ressurreição provisória, em preparação à ressurreição, propriamente dita, ressurreição essa que não é só bíblica, mas é universal, pois consta, igualmente, das escrituras sagradas de outras grandes religiões. Mas o que é ressurreição? É a libertação do espírito da matéria, isto é, do corpo mortal. Por isso ela é também a libertação da morte. Assim, enquanto o espírito ressurge em um corpo, ele continua a passar pela experiência da morte. Em outras palavras, o indivíduo renasceu, logo tem de morrer.

São Paulo ensinou-nos que existe a morte, porque existe o pecado, quando disse que o salário do pecado é a morte. Se um espírito, pois, renasce, é porque ainda não se libertou do pecado. Ao se libertar do pecado, portanto, ele não volta mais a encarnar, a não ser por sua livre e espontânea vontade, com um objetivo de fazer alguma coisa boa para a Humanidade, como foi o caso de Jesus e de muitos outros Adônis (avatares) enviados a Terra, em várias épocas diferentes, como já vimos em outra parte deste livro.

Mas, modernamente, não se aceita mais nos meios teológicos cristãos a ressurreição do mesmo corpo que o indivíduo teria tido em uma única vida. Essa mudança de ideia nos meios cristãos é um grande trunfo a favor do fenômeno da reencarnação, e se deve a dois fatores:

1. Primeiramente, se os nossos corpos, depois de sete anos, têm todos os elementos que os constituem substituídos por outros, mesmo continuando vivos, como

poderão os elementos ser os mesmos de um corpo vivo, após voltarem ao pó? Para Deus isso não seria impossível. Mas, Ele criou os recursos naturais para resolverem tudo, normalmente.

2. O outro fator refere-se ao próprio Jesus que ensinou que a carne para nada serve, e o que realmente importa é o espírito que vivifica.

Também São Paulo fala que carne e sangue não podem herdar o reino dos céus, e que o corpo ressuscitado, como já foi mencionado, não é o corpo carnal, mas o espiritual. Os espíritas e os que estudam os corpos astrais, etéricos, mentais, causais e búdicos dos orientais e da Teosofia entendem bem isso que nós estamos falando.

Vejamos o que diz um grande teólogo católico, da década de 1950, a respeito da ressurreição: *Dividem-se, porém, os teólogos quanto à identidade material da matéria do corpo: a maioria aceita-a; mas a minoria opina que a identidade material não é necessária.*[11] Essa minoria que não admitia a ressurreição do próprio corpo tornou-se, hoje, praticamente, a maioria. Porém, os erros da Igreja do passado vêm sendo abraçados por algumas seitas evangélicas.

Tais seitas ainda defendem a ressurreição do mesmo corpo que o espírito teve em uma suposta "única vida terrena"; o mesmo acontecendo com vários outros erros da Igreja do passado, que são adotados como verdades por grande parte das igrejas evangélicas. Trata-se de meios para amedrontarem os fiéis e, consequentemente, para que sejam

---

11. Bertrand L.CONWAY CSP, *Caixa de Perguntas*.

mais facilmente manipulados por seus líderes religiosos. A mudança de atitude da Igreja e de muitas outras igrejas cristãs mais adiantadas foi, de fato, um passo decisivo em direção à Teoria da Reencarnação, pois essa teoria sempre defendeu a ideia do renascimento ou a ressurreição do espírito em outro corpo que nasce.

Os adeptos da reencarnação são também tão adeptos da ressurreição, que até defendem muitas ressurreições (reencarnações) do espírito, ao invés de uma somente, como ensinam a hierarquia da Igreja e uma parte dos seguidores de outras igrejas cristãs. Mas, cada vez mais, cresce o número de crentes na reencarnação entre os cristãos. Aliás, a reencarnação já fez parte das doutrinas do Cristianismo primitivo, como veremos em outro capítulo. E a ressurreição propriamente dita, no final dos tempos, é a ressurreição do espírito, como já vimos em definitivo no mundo espiritual. (Apocalipse: 3,12).

A imortalidade da alma (espírito) é uma questão tão bem arraigada e tão sólida em todas as religiões que, praticamente, ninguém duvida dela. Portanto, realmente é ela que ressuscita ou que ressurge em outro corpo humano, pois este foi criado para servir a ela, temporariamente, como morada dela e instrumento da sua manifestação e evolução aqui no mundo físico.

Temos aqui algumas perguntas. Se o salário do pecado é a morte, como disse São Paulo, por que os outros seres vivos também morrem? Certamente, neste caso, o sentido de morte não deveria ter na mente de Paulo o sentido comum de morte biológica ou física, mas de morte metafísica ou moral. Já o sentido literal de pecado, conforme o grego ("amartia") é "afastar-se da meta". Mas, quem se afasta da meta ou de sua rota pode corrigir seu erro.

No Credo Católico afirma-se que há a ressurreição da carne, o que era aceito pelo Cristianismo antigo, mas não pelo primitivo, que é o verdadeiro, e o atual, pelo menos em parte. Por que, então, continuam a rezar o Credo nas missas com esta expressão *creio na ressurreição da carne*, que é mortal e que já voltou ao seu pó que ela é em sua essência? Na verdade, a ressurreição da carne é uma confusão que os teólogos fizeram com a ressurreição do espírito ou alma, que para eles era a forma do corpo e o próprio corpo. Daí filósofos e teólogos terem ensinado que a alma é a forma do corpo, como vimos no capítulo 1 deste livro, quando tratamos da metensomatose (troca de corpo), proposta por Orígenes e Plotino, no lugar da metempsicose (troca de espírito ou alma), estudado no capítulo 1 deste livro.

A ressurreição da carne só tem sentido quando vista como uma transmutação ou transformação de elementos da natureza em carne, ossos e sangue, para a constituição ou formação de mais um corpo humano, que servirá de uma nova morada do espírito que se manifesta e evolui aqui no plano físico. O certo, pois, é falarmos em ressurreição "na carne", e não "da carne", já que, como já dissemos a ressurreição segundo a Bíblia é do espírito.

Destarte, devemos dizer que o corpo surge e que o espírito ressurge, ressuscita ou surge de novo. O corpo surge porque ele é sempre um novo corpo, enquanto que o espírito, ressurge, surge de novo ou ressuscita, porque ele é imortal e é, pois, sempre o mesmo. Dizendo de outro modo, o espírito reaparece aqui na Terra, porque ele já esteve aqui em outras vidas, vivificando outros corpos. E, assim, continuará as suas ressurreições (reencarnações), até que um dia, como já dissemos, ele se liberte da matéria e ressuscite em definitivo no mundo espiritual.

O contrário de morte não é vida, mas nascimento. Nascimento e morte de um corpo são, pois, os dois polos de uma vida da vida que não se extingue, mas que, simplesmente, se afasta de um corpo que não tem mais condições de mantê-la. Ela se afasta dele, justamente, no instante em que dele se afasta também o espírito, que é o que dá vida ao corpo.

Foi também o espírito de Jesus que ressuscitou. O desaparecimento de seu corpo não prova que foi o corpo que ressuscitou. Na dimensão espiritual ou mundo espiritual não entra matéria. E a ressurreição de Jesus foi definitiva, como também um dia teremos a nossa ressurreição definitiva, ou seja, quando nos libertarmos de nossos carmas negativos ou, como se diz, pecados.

Existem na Igreja teólogos que ensinam que a ressurreição é da corporalidade, e que ela ocorre logo depois da morte do corpo, o que trataremos no item seguinte.

A ressurreição diante do pensamento semítico e grego

Todos os filósofos e teólogos cristãos do presente e do passado que tentaram fugir da influência do platonismo se deram mal.

No platonismo temos bem destacada a chamada dualidade que separa o espírito (alma) da matéria, dividindo o homem, pois, em duas partes distintas: espírito e matéria.

Modernamente, existe na Igreja uma corrente que, por um lado, se aproxima do pensamento de Platão, por outro, se afasta dele ou tenta se afastar. Essa corrente liderada por Leonardo Boff tem ganhado muitos adeptos. Ela prega a ressurreição para logo depois da morte do corpo, e afirma que ressuscita a corporalidade, ou seja, a própria alma que, livre dos empecilhos da matéria do seu corpo, fica em nível superior. Portanto, além de não perder nada, pois só perde o que lhe é inconveniente no mundo espiritual, fica desembaraçada do estorvo da matéria e, consequentemente, torna-se o ser humano que, essencialmente é, e que fica conhecendo melhor a realidade suprema.

Por um lado, essa doutrina é platônica, porque põe em destaque e mostra também a independência e até a superioridade da alma (espírito) sobre a matéria, destacando, inclusive, o caráter supérfluo do corpo, além de considerá-lo até mesmo um estorvo para a alma.

Em outros termos, essa teologia coloca o corpo como inútil e descartado, o que é, de fato, platônico, neoplatônico e pertencente ao Cristianismo primitivo. Trata-se, pois, da dualidade composta de algo muito importante, o espírito, e de algo nada importante, a matéria. Por outro lado, ela é antiplatônica, quando quer dizer que o homem é uma unidade representada pela corporalidade. A questão consiste em valorizar demais a alma em relação ao corpo, o que caracteriza uma dualidade platônica e, ao mesmo tempo, separando o corpo da alma, a qual fica totalmente isolada. Isto só está correto, quando visto pelo prisma da alma desencarnada, pois enquanto a alma está encarnada, a dualidade propriamente dita não deixa de existir, com destaque para a alma, mas também, com muita importância para o corpo.

Há muita sutileza, pois, na diferença entre o platonismo e o que é antiplatônico nessa doutrina da ressurreição da corporalidade para logo depois da morte do corpo. Mas, uma outra faceta dessa doutrina é que ela se identifica com a da milenar salvação da alma, o que não apresenta, pois, nenhuma novidade. Somente trocaram a palavra salvação por ressurreição, deixando de lado a ressurreição bíblica do final dos tempos. Trata-se também de antecipar a citada ressurreição bíblica para logo depois da morte do corpo, e substituindo-se a lama pela corporalidade.

Na verdade, embora os teólogos não sejam claros, eles estão descartando a ressurreição do corpo, em definitivo, tanto para a hora da morte, quanto para o final dos tempos. Eles sabem que sabem que a ressurreição, de fato, nunca pode ser do corpo. E essa história de ressurreição da corporalidade é outro nome que eles estão usando para o espírito, para não dizerem claramente as coisas. E podemos dizer que eles estão mesmo perdidos no tocante à ressurreição.

Para o platonismo, a alma é tudo porque é imortal, sobrevivendo, pois, à morte do corpo, e independente dele. O corpo é muito importante para a alma, enquanto ela está nele encarnada, mas ao desencarnar a alma, o corpo nada mais é para ela, senão pó. É por isso que Platão pregava o retorno do espírito a Terra em outro corpo, isto é, com a troca do corpo conforme a metensomatose ensinada por Orígenes e Plotino no início do Cristianismo. Outros filósofos gregos contemporâneos de Platão aceitavam a metempsicose também, ou seja, a possibilidade de o espírito vir encarnado também em outros seres vivos não humanos, o que é um equívoco, pois o espírito não retrocede em sua evolução.

No início do Cristianismo primitivo, já predominava na Grécia a doutrina da reencarnação ou do renascimento do espírito humano só em corpos humanos. Era uma minoria que acreditava na metempsicose.

A doutrina do renascimento ou da reencarnação, propriamente dita, influenciou muito o pensamento semítico. Destarte, era comum a ideia da reencarnação entre os judeus e entre os primeiros cristãos.

Em Mateus: 16,13 e 14, temos um claro exemplo disso: *[...] Quem diz o povo ser o Filho do homem? E eles responderam: uns dizem João Batista; outros, Jeremias, ou algum dos profetas.*

Eles achavam que Jesus fosse um dos antigos profetas ressuscitado. E ressuscitado para eles era um termo equivalente a reencarnado, pois como poderia um antigo profeta como Jeremias, falecido há séculos, estar vivendo em um corpo aqui na Terra senão reencarnado?

São Paulo nos apresentou o homem não somente em uma divisão dualista. Ele nos mostra o homem dividido em quatro partes: espírito, alma, carne e corpo, que é uma visão mais profunda, mais esotérica, do pensamento platônico. Para o semita, o homem teria de ser tudo isso, estar em nosso mundo fenomênico e possuir um corpo perceptível pelos nossos sentidos ou não seria homem. E isso nos dá uma ideia de que o homem precisaria estar sempre encarnado, para que fosse homem, embora a essência do homem seja seu espírito imortal. Mas, de fato, o homem completo de nosso mundo fenomênico tem de estar na nossa terceira dimensão, ou seja, com seu espírito encarnado, pois só assim é que ele é geralmente percebido pelas pessoas. Em síntese, a ressurreição para o semita, como vimos, equivale à reencarnação ou ressurreição do espírito com novo corpo, com nova carne. Daí a mistura que fizeram com a chamada ressurreição do espírito na carne com a equivocada ressurreição da carne.

A ressurreição paulina

São Paulo nos ensina que a nossa ressurreição não será com este corpo de carne e ossos que temos, mas com um corpo diferente, transformado. Na verdade, Paulo, como os demais semitas, não sabiam bem o que mesmo ressuscitava. É como no caso do fenômeno da saída do corpo que aconteceu com ele, hoje denominada projeção ou desdobramento, fenômeno esse que ele não entendia também. Por isso ele disse que foi ao terceiro céu, não sabendo se foi no corpo ou fora do corpo. (2 Coríntios: 12,2). Hoje nós sabemos que foi fora do corpo.

Em outra parte, como já foi mencionado, ele diz que nosso corpo ressuscitado será um corpo espiritual e não da natureza (carnal). O que ele confirma também em um outro texto: *Carne e sangue não podem herdar o reino dos céus.* (1 Coríntios: 50). Esse corpo para o Espiritismo é o perispírito. Para a Teosofia é o chamado corpo causal. E temos ainda de Paulo este ensino: *Há corpos celestiais e corpos terrestres.* (1 Coríntios: 15,50).

A ideia da reencarnação aparece clara no seguinte texto Paulino: *Mas alguém dirá: como ressuscitam os mortos?*

E em que corpo vêm? (1 Coríntios: 15,35). O verbo está no presente, dando a ideia de que a reencarnação já está acontecendo normalmente agora no presente.

E continua São Paulo dando sua resposta: *Quando semeias, não semeias o corpo que há de ser.* (1 Coríntios: 15,37). *Mas Deus dá à semente o corpo apropriado.* (1 Coríntios: 15,38).

A semente representa a vida representada pelo espírito. Este vem a Terra ou é lançado a Terra, como se fosse semeado, recebendo o corpo que Deus lhe dá, isto é, em conformidade com o mérito do espírito. Sim, porque Deus controla tudo. Nada acontece por acaso. Não cai uma folha de uma árvore, sem que Deus saiba.

Em outro texto Paulo deixa essa questão muito clara: *Insensatos! O que semeias não nasce, se primeiro não morrer.* (1 Coríntios: 15,36). E, para isso, faz uma comparação entre a morte da matéria da semente e da matéria do corpo humano. Em ambos estão subjacentes os espíritos ou as duas vidas, a vegetal e a humana, as quais não morrem, pois só morrem e apodrecem os corpos (semente e corpo humano) em que elas estão, as quais, com a morte dos seus corpos, passam para outro corpo novo que nasce, ou seja, a nova planta ou o novo corpo humano.

São Paulo nos deixa com o texto em análise a ideia da reencarnação muito clara, embora o apóstolo Pedro tenha dito que Paulo falava coisas de difícil compreensão. (2 Pedro: 3,15, e 16).

Tanto no caso da semente, quanto no caso do homem, suas partes mortais voltam ao pó da terra e apodrecem, enquanto que suas vidas imortais e constantes do espírito ressurgem, ressuscitam ou reencarnam em novos corpos mortais que surgem (não ressurgem) da terra.

Para reforçar que, de fato, o corpo do homem é como se fosse uma semente, o apóstolo Paulo nos fala com uma clareza meridiana: *Semeia-se corpo natural, ressuscita corpo espiritual.* (1 Coríntios: 15,44).

Realmente é perfeita essa analogia paulina a respeito da semente colocada e apodrecida na terra com o nosso corpo morto e que apodrece também na terra, após o que as vidas deles (espíritos) ressurgem ou ressuscitam em outros corpos que surgem ou nascem. Há apenas duas diferenças. Uma delas é a de que o corpo novo da planta surge diretamente da própria semente colocada na terra, enquanto que o corpo do homem provém de uma semente, sim, mas que, temporariamente, ainda está fora do apodrecimento na terra, mas que vai apodrecer na terra, também, um dia, como apodrece a semente.

E não é por acaso que sêmen tem a mesma raiz da palavra semente. Ademais, tanto para a formação do corpo da planta, quanto para a do corpo do homem são indispensáveis os ingredientes (minerais). E ambos os corpos vegetal e humano têm por destino, um dia, a própria terra, voltando a ser novamente a sua essência de sais minerais, dos quais foram formados. *[...] porque tu és pó e ao pó tornarás.* (Gênesis: 3,19). *Porém o espírito do homem não vai para a terra, da qual não veio, mas retorna para Deus que o deu.* (Eclesiastes: 12,7).

A outra diferença é a de que a semente é colocada diretamente na terra, enquanto que o sêmen não. Mas lembremo-nos de que a terra é chamada também de útero!

Os nossos corpos, quanto à sua formação (não à sua origem), são irmãos dos animais e dos vegetais, formados (não originados), como vimos, do pó ao qual retornamos. Nós voltaremos, ainda, a esse assunto.

Vimos que, para São Paulo, há corpo espiritual e corpo natural. Este é justamente o corpo terrestre, físico, carnal. O espiritual é o espírito imortal, celestial, que vivifica o corpo da natureza. *O espírito é que vivifica. A carne para nada aproveita.* (João: 6,63). É o espírito que vai vivificar a nova planta oriunda da semente e o novo corpo de uma criança que nasce. Mas, os componentes dos corpos vivos, vegetais, humanos e animais estão nos elementos da terra. A vida, princípio vital do espírito, é depositada neles. Desnecessário se torna dizer que o espírito humano é diferente do espírito dos vegetais e dos animais. E nossos corpos são tão "pó" da terra, quanto o gelo é água. E ainda comparando nosso corpo com a semente, pois São Paulo está fazendo metáforas de nossa ressurreição, ele diz: *Semeia-se em fraqueza, ressuscita em poder.* (1 Coríntios: 15,43). Isso quer dizer que, apesar da fraqueza, corrupção e humilhação da morte dos corpos, o poder e a glória da vida do espírito incorruptível, imortal ressuscitam, ressurgem sempre, e não só no final dos tempos.

Mais adiante, São Paulo nos chama a atenção, ainda, para os tipos de carnes existentes, em evidente demonstração de que o espírito humano, em uma reencarnação, não assumiria jamais a carne de seres de outra espécie inferior à humana. Provavelmente, ele que era um grande conhecedor do pensamento grego sobre a metempsicose (reencarnação do espírito em corpos de animais e plantas), quis chamar a nossa atenção para que não aceitássemos essa doutrina defendida por alguns filósofos gregos daquela época. E, assim, ele disse: *Nem toda a carne é a mesma, porém, uma é a carne dos homens, outra a dos animais, outra a das aves e outra a dos peixes.* (1 Coríntios: 15,39).

Tudo leva a crer que São Paulo, no texto em exame, estava mesmo falando do erro da metempsicose, e ao mesmo tempo, defendendo a reencarnação, pois já vimos que ele deixou claro que a ressurreição é do espírito e não do corpo carnal. (1 Coríntios: 15,44).

E, se ele fala de espécies de carnes existentes, acentuando que elas não podem se misturar, ele só poderia estar dizendo que o espírito humano, ao ressuscitar, assume carne humana e não a carne ou corpo de outras espécies, como ensina a metempsicose dos gregos. Se não fosse isso o que São Paulo quisera mostrar para nós, somos forçados a dizer que ele caíra em contradições muito sérias. Admitimos como já dissemos que ele e os semitas não entendiam bem o que ressuscitava. Mas, Paulo não poderia se contradizer de modo tão grave, ora afirmando que a ressurreição é do espírito, ora afirmando que é da carne. Só nos resta concluir, pois, que ele falasse mesmo da ressurreição no sentido da reencarnação ou da carne da ressurreição do espírito na carne, e jamais da ressurreição da carne propriamente dita, já que o que ressuscita é o espírito.

Pelo exposto, pudemos constatar que o apóstolo Paulo fala de duas ressurreições, sendo uma delas aquela provisória no mundo espiritual, logo após a morte do corpo, e a outra a da reencarnação ou ressureição do espírito na carne, no nosso mundo físico. Em ambas, a ressureição é sempre do espírito. Sintetizando: ora o espírito ressuscita no mundo espiritual, ora ressuscita na carne (reencarnação). E, no caso da reencarnação, Paulo deixa-nos claro que a carne de que se reveste o espírito tem de ser humana e não de outra espécie (metempsicose).

Mas Paulo fala-nos também de uma ressureição superior, que ele denominou com a palavra grega "Kreiton" (Hebreus: 11,35). Qual seria essa ressureição? Sem dúvida, essa ressureição superior é aquela definitiva, ou seja, aquela de quando o espírito libertar-se de vez da matéria. O Apocalipse confirma também essa ressureição superior: *Ao vencedor, fá-lo-ei coluna no santuário do meu Deus, e daí jamais ele sairá.* (Apocalipse: 3,12).

Essa ressureição superior ocorrerá quando nós estivermos bem evoluídos moralmente, quando pagarmos, até o último centavo, todos os nossos pecados (Mateus: 5,26), isto é, quando estivermos quites com os nossos débitos ou carmas negativos, e nada mais tivermos de pagar. E esse ensino de Jesus nos demonstra que não existem as tais penas eternas, no sentido de que elas são para sempre.

Concluímos essa parte a respeito da ressureição paulina ou na visão de São Paulo, dizendo que ele teve oportunidade de condenar a reencarnação, mas não a condenou, pelo contrário, ele nos mostra que ressureição significa também reencarnação. Porém, como já foi estudado, Paulo nos deixa claro que a metempsicose (reencarnação do espírito em corpos de outras espécies) é um equívoco, ao nos chamar a atenção para o fato de que as carnes não se misturam.

Geração e reencarnação

Geração, além de significar descendência familiar, significa também duração média de vida de um ser biológico qualquer. Consequentemente, é o período médio de encarnação de um espírito em um corpo humano, sendo esse durante o que poderíamos chamar de uma geração do espírito.

A expressão *até a terceira e quarta gerações* (Êxodo: 20,5) é contestada por muitos estudiosos modernos da Bíblia. A correta tradução desse texto, segundo o original, é: *na terceira e quarta gerações*. De fato, esta versão é a que está de acordo com a *Vulgata* (tradução da Bíblia para o latim, no século 4º, dirigida por São Jerônimo): *in tertiam et in quartam generationem*.

De acordo com essa expressão original, o pecador de que fala o texto já terá morrido, podendo, pois, o seu espírito voltar a reencarnar "na" terceira e "na" quarta gerações (de netos e bisnetos), do pecador. Em outras palavras, o espírito do avô, já falecido, pode reencarnar em um neto seu como também o espírito do bisavô, já morto, pode reencarnar no corpo de um bisneto seu. E lembremo-nos de que o espírito está tendo também, em cada reencarnação, mais uma geração sua. Convém que se diga também aqui que é comum um espírito de um antepassado nosso reencarnar em um descendente dele. Por exemplo, o espírito de um avô reencarnar em um neto ou bisneto.

Os textos seguintes corroboram esse pensamento: *E faço misericórdia até mil gerações daqueles que me amam.* (Êxodo: 20,6). Mil gerações é uma expressão que neutraliza qualquer ideia de parentesco consanguíneo o que, consequentemente, faz aflorar a tese de as gerações significarem também reencarnações do espírito.

Pois diz lá no seu íntimo: jamais serei abalado; de geração em geração, nenhum mal me sobrevirá. (Salmo: 10,6). É muito clara aqui a ideia de que o espírito é o mesmo nas gerações, em mais um exemplo de que gerações na Bíblia têm também a conotação de reencarnações.

Naqueles dias já não dirão: os pais comeram uvas verdes, e os dentes dos filhos é que embotaram. Cada um, porém, será morto pela sua iniquidade; de todo o homem que comer uvas verdes, os dentes se embotaram. (Jeremias: 31,30).

Que tendes vós que, acerca da terra de Israel, proferis este provérbio, dizendo: os pais comeram uvas verdes, e os dentes dos filhos é que se embotaram? (Ezequiel: 18,2).

A alma que pecar, essa morrerá, essa morrerá: o filho não levará a iniquidade do pai, nem o pai a iniquidade do filho; a justiça do justo ficará sobre ele, e a perversidade do perverso cairá sobre este. (Ezequiel: 18, 20).

A expressão "até" no lugar da expressão "na" é contra os textos bíblicos citados, os quais nos demonstram, de forma irrefutável, que os filhos não pagam os pecados de seus pais, nem os pais pagam os pecados de seus filhos. Aquele que peca é que paga, que sofre seu carma e não outra pessoa, o que seria uma injustiça. A tradução, pois, de "in" em latim por "até", nos textos citados e outros, além de estar errada, é incompatível com a Bíblia, como acabamos de ver, e de acordo com a justiça perfeita de Deus, essa tradução adulterada colocaria os filhos, os netos, os bisnetos e tataranetos pagando os pecados dos seus antepassados.

Essas traduções erradas têm o objetivo de encobrir a ideia da reencarnação, principalmente nas Bíblias do Brasil, onde a ideia da reencarnação é muito forte, por influência do Espiritismo.

O que acabamos de ver a respeito das gerações, para as penas ou punições, vale também para as recompensas. *Faço misericórdia até mil gerações (reencarnações) daqueles que me amam e guardam meus mandamentos.* (Deuteronômio: 5,10). Aqui a expressão "até" está correta. Mas, como já foi dito mil gerações só podem ter o sentido de reencarnações, pois não haveria lógica a ideia de parente consanguíneo na milésima geração.

Como a reencarnação já pertenceu ao Cristianismo primitivo, o que veremos ainda neste livro não é surpreendente, pois, depois de ela ter sido abolida do Cristianismo, a Igreja e outras igrejas cristãs tenham tentado adaptar os textos bíblicos às novas doutrinas que foram sendo criadas.

O homem que morre uma vez só

São Paulo, fazendo uma comparação entre a morte de Jesus e a morte de qualquer pessoa, diz que assim como o homem morre uma vez só, também Jesus morreu de uma vez só por todas, para resgatar os nossos pecados. (Hebreus: 9,27).

Apesar desse texto não estar expressando nada sobre reencarnação, nem contra, nem a favor dela, muitos gostam de usá-lo para condená-la.

A intenção de Paulo é tão-somente a de acentuar o fato de que, apesar de o sacrifício de Jesus ser representado por uma só morte, foi, no entanto, plenamente eficaz para o seu objetivo, qual seja, o de ajudar o homem a se libertar do pecado.

E aqui convém lembrar que o mais importante para a nossa salvação não foi a morte de Jesus, como muitos pensam, mas a prática dos ensinamentos do Evangelho, a Boa Nova que Ele nos trouxe. A morte Dele foi mais um pecado. Sobre isso, voltaremos a falar.

São Paulo usa linguagem simples para dizer que Jesus morreu uma só vez, como o homem também morre uma vez só. De fato, é isso mesmo. Porém, "homem" se refere ao homem fenomênico, material, pois o homem espiritual, celeste, numenal, invisível, que é espírito do homem, não morre nunca.

A visão antropológica semítica e ocidental do homem, na prática, é a visão do nosso corpo de carne, ossos e sangue. Realmente, esse homem material morre uma vez só, e, usando linguagem popular, morre uma vez só "bem morrido!". É isso que Paulo diz ter acontecido também com Jesus. Mas, nem o espírito de Jesus, nem os nossos morrem junto com o homem material, fenomênico, carnal. *Pai, em vossas mãos entrego meu espírito.* (Lucas: 23,46). *Ao morrer o homem, seu corpo volta para a terra que o deu, e seu espírito retorna a Deus que o deu.* (Eclesiastes: 12,7).

De fato, o espírito do homem não morre, mas morre apenas o homem, e uma vez só, e "bem morrido!". São Paulo estava, pois, mais do que certo, ao dizer que o homem morre uma vez só. (Hebreus: 9,27).

Se o homem morre uma vez só, quando Jesus ressuscitou Lázaro em Betânia, Lázaro estava morto só, aparentemente, pois temos certeza de que, mais tarde, ele teve sua única morte verdadeira, que só pode ser uma, ou Paulo errou e o homem Lázaro (não o seu espírito) morreu duas vezes?

A visão reencarnacionista de Ezequiel

A visão de Ezequiel de um vale cheio de ossos, representando todos os mortos da casa de Israel é um dos episódios bíblicos mais importantes que sugerem a ideia da reencarnação.

Segundo a Bíblia, Deus mandou que Ezequiel fizesse uma profecia sobre os ossos dos mortos de Israel. E eles começaram a se mexer, a se juntar e, por fim, os espíritos entraram (reencarnaram) neles, e eles reviveram, colocando-se em pé todos os israelenses.

> *Então profetizei segundo me fora ordenado: enquanto eu profetizava, houve um ruído, um barulho de ossos que batiam contra ossos e se juntavam, cada osso a seu osso. Olhei, e eis que havia tendões sobre eles, e cresceram as carnes e se estendeu a pele sobre eles; mas não havia neles o espírito. Então Ele me disse: Assim diz o Senhor Deus: Vem dos quatro ventos, ó espírito, e assopra sobre estes mortos, para que vivam. Profetizei como Ele me ordenara, e o espírito entrou neles e viveram e puseram-se em pé um exército sobremodo numeroso. Então me disse: filho do homem, estes ossos são toda a casa de Israel [...]. (Ezequiel: 37,7 a 11).*

E continua Ezequiel: *Porei em vós o meu Espírito, e vivereis, e vos estabelecerei na vossa própria terra. Então sabereis que eu, o Senhor, disse isto, e o fiz, diz o Senhor.* (Ezequiel: 37,14).

Habitarão na terra que dei a meu servo Jacó, na qual vossos pais habitaram; habitarão nela, eles e seus filhos e os filhos de seus filhos, para sempre; e Davi, meu servo, será seu príncipe eternamente. (Ezequiel: 37,25).

Sabemos que não podemos interpretar a Bíblia literalmente. Mas, quando temos um conjunto de informações bíblicas podemos tirar dele uma síntese do seu conteúdo, síntese esta que é uma interpretação correta da Bíblia.

O Espírito que entra nos ossos é o Cristo Cósmico que, em centelhas ou espíritos individuais, habita os nossos corpos. É a mônada das religiões orientais, da Teosofia e de Leibnitz que está presente em todos nós. *Não sabeis que sois santuário de Deus, e que o Espírito de Deus habita em vós?* (1 Coríntios: 3,16). De fato, Deus está presente em tudo, desde que Ele o queira, é óbvio.

Quando o espírito entra na matéria humana temos o fenômeno da reencarnação. Essa ideia está clara nos textos de Ezequiel, que acabamos de ver. E só podemos falar de ressurreição nesses textos, naquele sentido de reencarnação que vimos anteriormente, pois é o que esses escritos de Ezequiel dizem com uma clareza meridiana: *Habitarão na terra que dei a meu servo Jacó, na qual vossos pais habitaram; voltarão a habitar nela eles e seus filhos e os filhos de seus filhos.* (Ezequiel: 37,25).

Observemos que se trata de mortos que voltam a viver e que habitarão a terra que foi dada a Jacó. E não só eles já mortos a habitarão, mas também seus filhos e os filhos de seus filhos.

A mensagem desses textos de Ezequiel é reencarnacionista em toda a acepção da palavra. Quem não a vir, é porque não quer mesmo vê-la. E, como disse o Mestre, o pior cego é aquele que não quer enxergar!

A cura de um cego de nascença

Vamos ver agora um outro episódio do Evangelho de Jesus, em que nos deparamos com mais uma sugestiva ideia da reencarnação, na qual os próprios discípulos do Mestre demonstraram acreditar.

Eis o que nos diz o texto bíblico: Caminhando, Jesus viu um homem cego de nascença. *E os seus discípulos perguntaram: Mestre, quem pecou, este ou seus pais, para que nascesse cego?* (João: 9,2).

Temos de atentar para o fato de que era, normalmente, aceito por todas as pessoas do Oriente Médio daquela época que, se uma pessoa nascesse com qualquer deficiência física ou mental, era por um pecado dela cometido em uma vida anterior, ou por pecado cometido por seus pais. Esqueçamo-nos, por enquanto, da resposta de Jesus, e concentremo-nos somente na pergunta dos discípulos. Nela está implícita, com muita clareza, que os discípulos que fizeram a pergunta a Jesus aceitavam a reencarnação. Não podemos negar esse fato, que era também do inteiro conhecimento de Jesus, mesmo porque Ele conhecia até o pensamento das pessoas.

Vamos agora à resposta de Jesus: *Respondeu Jesus: nem ele pecou, nem seus pais; mas foi para que se manifestem nele as obras de Deus.* (João: 9,3).

Sem condenar a crença na reencarnação por parte de seus discípulos, Jesus respondeu ser aquele caso especial, uma exceção da regra geral, pois aquele cego nascera daquela maneira, não porque tivesse cometido algum mal em uma vida anterior, e nem porque seus pais tivessem também alguma responsabilidade no caso. Aquele homem nascera cego, para que Jesus tivesse a oportunidade, em nome de Deus Pai, de realizar sua cura, fazendo, assim, se manifestar naquele homem as obras de Deus. Foi também obra de Deus, podemos assim entender, o fato de, a partir dessa cura, muitos dos presentes passarem a acreditar que Jesus era o Messias prometido.

Poderíamos pensar, e com razão, que Deus cometera um ato injusto com aquele homem, fazendo-o cego desde seu nascimento, para poder dar chance a Jesus de curá-lo. Mas isso não é verdade, pois, como o espírito é imortal, Deus teria muitas oportunidades de recompensar aquele homem, naquela vida mesma ou em outras futuras. A injustiça ficaria, então, neutralizada.

Poderíamos admitir também que Jesus tratasse o pecado de um modo diferente do nosso, ou seja, sem tanta gravidade e, principalmente, sem admitir que Deus castigue o pecador ou dele se vingue. De fato, Deus não castiga ninguém. Isso é aceito por todos os teólogos modernos. É o que pensam também os teólogos orientais, há milhares de anos, os quais aceitam a existência do carma negativo, não como castigo divino, mas como disciplina, sobre o que ainda voltaremos a falar, oportunamente.

E acerca do episódio evangélico da cura do cego de nascença, fazemos as seguintes perguntas: Se a crença na reencarnação fosse um erro, se Jesus sabia que seus discípulos acreditavam nela, e se Ele teve oportunidade de condená-la e de repreender os seus discípulos por estarem em erro, por que Ele não o fez? Desse silêncio de Jesus só podemos concluir que Ele não considerava a reencarnação como um erro, pois, como diz o ditado popular, quem cala, consente. E essa conclusão torna-se uma verdade inconteste, ao sabermos que a omissão é também um pecado, e pecado é uma falta que não podemos atribuir a Jesus.

São João Evangelista voltou a Terra?

Sete discípulos de Jesus, entre eles São Pedro, passaram uma noite inteira tentando pescar no Mar de Tiberíades, e não conseguiram nada. De madrugada, ao amanhecer, Jesus apareceu-lhes. Esse fato aconteceu alguns dias depois da morte e ressurreição de Jesus.

Depois de lançarem a rede outra vez ao mar, por ordem de Jesus, eles apanharam 153 grandes peixes.[12] E Jesus mandou que eles comessem peixe e pão.

---

12. Com relação ao número dos peixes pescados, convém que registremos aqui que o número 09 é um número cabalístico, relacionado com a criação e a evolução do homem. E, somando-se os algarismos de 153, temos a soma de 09.
É bastante conhecido de todos que o número 666 da besta do Apocalipse refere-se ao homem. E, de fato, somando-se os algarismos desse número, teremos a soma de 18, cujos algarismos, somados, dão também 09. Igualmente, a soma dos algarismos de 144.000, um número muito conhecido pelos leitores da Bíblia, temos o número 09.

Outro discípulo de destaque era São João Evangelista, o qual se tornou o personagem principal do episódio.

Pedro, em um diálogo com Jesus, percebeu que São João estava acompanhando-os. E disse ao Mestre: *E quanto a este?* A resposta de Jesus foi: *Se eu quero que ele fique até que eu volte, que te importa?* (João: 21,22).

Pelo texto, podemos concluir que São João Evangelista deveria ficar aqui na Terra até a segunda vinda de Jesus, e assim foi também entendido pelos discípulos do Mestre, motivo porque até criaram a crença de que São João Evangelista não iria morrer, pois deveria estar aqui na Terra na segunda vinda de Jesus.

Mas como São João morreu, para que se cumpra a palavra de Jesus, João deverá estar aqui na Terra reencarnado, quando o Mestre voltar.

Elias e João Batista têm uma mesma identidade espiritual

Alguns autores falam que foram tirados da Bíblia textos que ensinavam acerca da reencarnação. Algumas truncagens, cortes, inserções e interpolações realmente foram feitas nela. Um caso de truncagens em alguns textos, e a que nós já nos referimos, na parte que trata das gerações na Bíblia, é a preposição latina "in" ("em") mais o artigo feminino definido "a" (em + a = na), que traduziram por "até a", mudando o sentido reencarnacionista dos textos para outro até antibíblico. Mas, o certo é que ficaram na Bíblia outros textos favoráveis à reencarnação.

E vejamos um exemplo claro de reencarnação na Bíblia, ou seja, o de que João Batista é reencarnação de Elias. Antes, porém, apresentamos uma curiosidade sobre os dois profetas. Elias vestia-se com uma roupa de pelo e um cinto de couro. (2 Reis: 1,8). E João Batista trajava-se com uma roupa de pelo e um cinto de couro. (Mateus: 3,4). Haveria nisso algo de afinidade cármica entre esses dois profetas bíblicos?

No tempo do rei Acab, cerca de oito séculos a.C. Deus fez levantar-se um grande profeta em Israel, Elias, que cumpriu uma grande missão.

O verbo levantar com o pronome apassivador "se", encontrado na Bíblia, tem por si só um sentido de reencarnação. Se Deus fez levantar-se um profeta, é porque ele estava deitado – um modo de falar de quem dorme ou de quem está morto.

Além da grande missão, no tempo do rei Acab, Elias cumpriu uma outra muito importante, como precursor de Jesus, sob o nome de João Batista. Entre outras coisas, ele batizou Jesus no Rio Jordão. E mais uma outra missão, também muito importante, está reservada para Elias no final dos tempos, ou seja, na segunda vinda de Jesus: *Eis que vos enviarei o profeta Elias, antes que venha o grande e terrível dia do Senhor.* (Malaquias: 4,5).

São João Batista foi membro da seita judaica dos Essênios. Isto está provado pelos documentos encontrados em Qumram, local próximo ao Mar Morto, em 1947. Há mesmo indícios de que ele teria sido líder dessa seita, daí ter sido seu encargo batizar Jesus.

Os Essênios viviam em locais afastados, no mato (ver o exemplo de João Batista, na Bíblia), eram frequentemente celibatários, pregavam pelos caminhos por onde andavam, pois eram nômades, e eram reencarnacionistas. A esse respeito, vejamos o que diz o cardeal Daniélou:

> *As descobertas dos Manuscritos do Mar Morto confirmaram, de forma que parecem indubitáveis os contatos de João com os monges de Qumram, que, hoje, sabemos que eram idênticos aos Essênios. E isso constitui um achado importante, a solução de um primeiro enigma. Daqui por diante, a figura de Batista, que permanecia misteriosa, destaca-se sobre um fundo preciso, em lugar de surgir um mundo desconhecido.*[13]

Muitos autores são de opinião de que o próprio Jesus esteve em certo tempo entre os Essênios, o que é reforçado pelo fato de Ele ter sido batizado por João Batista.

Vamos ver agora dois episódios apresentados pelo próprio Jesus, nos quais Elias é João Batista, e João Batista é Elias.

Estava, então, Jesus a falar de Elias:

> *Eu, porém, vos declaro que Elias já veio, e não o reconheceram, antes fizeram com ele tudo quanto quiseram. Assim, também, o Filho do Homem há de padecer nas mãos deles. E, então, os discípulos entenderam que lhes falara a respeito de João Batista. (Mateus: 17, 13).*

---

13. Declaração feita pelo cardeal Daniélou em um de seus discursos no Instituto Católico, apud Paul le Cour, *O Evangelho Esotérico de São João*, pág. 42 e Enciclopédia do Esoterismo, Tomo 3, *Os Avatares do Cristianismo* 19, cap.4º, consagrado ao Evangelho de São João.

Ora, se os discípulos de Jesus entenderam, de acordo com a narrativa de Jesus, que Elias era o mesmo João Batista, também eu, com muita honra e muita moral, quero entender que, de fato, Elias era João Batista.

Também o Papa São Gregório Magno entendeu que o espírito de Elias se encarnou em João Batista, tendo os dois uma mesma identidade espiritual. (Gregório Magno, Homilia: 7, "In Evangelio", Patologia Latina, volume 76, Col.1.100).

E o episódio em que Elias é identificado por Jesus e seus discípulos como João Batista é repetido. E neste que vamos ver agora, há uma inversão. No primeiro caso, tivemos Elias sendo visto como João Batista. No segundo caso que vamos ver, temos João Batista visto como Elias.

É novamente Jesus quem toma a palavra:

Desde os dias de João Batista até agora, o reino dos céus é tomado por esforço, e os que se esforçam, se apoderam dele. Porque todos os profetas e a Lei profetizaram até João. E se o quereis reconhecer, ele mesmo é Elias, que estava para vir. Quem tem ouvidos (para ouvir), ouça. (Mateus: 11, 12 a 15).

Não existe um modo mais contundente para afirmar que João Batista é a reencarnação de Elias, do que estes dois episódios do Evangelho de Jesus. E essa verdade de que João Batista é a reencarnação de Elias torna-se mais contundente, ainda, quando sabemos que ela provém do próprio Jesus.

E some-se a esses episódios reencarnacionistas de Jesus o fato de João Batista ter sido o Precursor de Jesus, e de que será novamente seu Precursor, em sua segunda vinda, como nos diz o profeta Malaquias (Malaquias: 4,5), quando teremos a terceira reencarnação de Elias em uma outra importante missão. E com qual nome virá Elias reencarnado nessa sua terceira grande missão? No período próximo à segunda vinda do Mestre, nós o saberemos.

Alguns outros textos bíblicos que também sugerem a ideia da reencarnação

Ao vencedor, fá-lo-ei coluna no santuário do meu Deus, e daí jamais sairá. (Apocalipse: 3,12).

Esse texto do Apocalipse dá-nos a entender claramente que o espírito, antes, já se afastou, outras vezes, do santuário de Deus ou do mundo espiritual, e que depois, ou seja, quando o espírito se libertar, ele não se afastará mais da dimensão espiritual. Dizendo de outra maneira, o espírito vem ao mundo físico, várias vezes, mas, ao se tornar vencedor do mundo, ele não precisará mais vir aqui. Jesus, por exemplo, disse que Ele venceu o mundo. E São Paulo afirmou que ele combateu um bom combate.

Porventura não tornarás a vivificar-nos? (Salmo: 85,6).

Andarei na presença do Senhor, na terra dos viventes. (Salmo: 116,9).

Tu reduzes o homem ao pó, e dizes: tornai filhos dos homens, pois mil anos, aos teus olhos, são como o dia de ontem que se foi. (Salmo: 90,3 e 4).

De fato, como Deus deu um corpo para servir de morada a um espírito, ao lhe tirar tal corpo poderá dar-lhe outro, com mais razão do que quando lhe deu o primeiro corpo.

Agora eu era uma boa criança por natureza, e uma boa alma caiu no meu lugar. Sendo eu bom, eu caí num corpo puro. (Sabedoria: 8,19 e 20).

E vós fizestes, e será feito em vós. Vossa recompensa voltará sobre as vossas cabeças. Como tu fizeste, assim se fará contigo. (Obadias: 1,15). É clara a lei de causa e efeito ou lei do carma. E, geralmente, a lei cármica funciona em uma posterior reencarnação.

Os vossos mortos e também o meu cadáver viverão e ressuscitarão. (Isaias: 26,19). Atentemos para o fato de que eles viverão depois de mortos, o que é reencarnação.

Somos de ontem e nada sabemos. (Jó: 8,9).

Observemos que esse ontem não corresponde a um dia de 24 horas anterior ao do momento em que foi feita tal afirmativa, mas a um período distante do passado.

Tu escondes o rosto, eles são anulados. Tu lhes retiras o sopro, eles expiram; e no próprio pó eles retornam. (Salmo: 104,29).

A última frase *E no próprio pó eles retornam*, em outras traduções aparece assim: "E voltam ao seu pó". Truncagem do texto?

A primeira versão *e no próprio pó eles retornam* adapta-se claramente à ideia da reencarnação, pois este texto pode ser entendido assim: *E em um outro próprio corpo seu de pó eles retornam.* Isso porque, em essência, o nosso corpo de carne e ossos é de pó: *Tu és pó.* (Gênesis: 3,19). É como o gelo que, em essência, é água. E, assim, na outra expressão (truncada?): *Ao pó retornarás*, pó pode significar também outro corpo de carne (reencarnação), e não necessariamente a terra em que é enterrado o corpo. Portanto, repetimos:

nas duas versões citadas: *E no próprio pó eles retornam* e *E voltam ao seu pó*, temos a ideia da reencarnação.

Todos nós conhecemos, hoje, a expressão "roda da vida", que significa renascimento ou reencarnação. E ela é citada por São Tiago (Tiago: 3,6), só que é traduzida em outras palavras: *Carreira da existência humana*. E, segundo os apócrifos, São Tiago era tido como o mais sábio dos discípulos de Jesus.

O Evangelho e São Paulo usam a palavra "palingenesia" (novo nascimento), a qual foi traduzida por "renovação", "regeneração", "lavar regenerador" e "lavar renovador". (Mateus: 19,28 e Tito 3,5), segundo assinala Jean Prieur.[14]

Morrendo o homem, porventura tornará a viver? Eu ficaria esperando durante todos os dias do meu serviço até que chegasse a hora da mudança de turno. (Jó: 14,14).

A tradução da Igreja Ortodoxa Grega para a citação acima não é exatamente igual a essa. Ela deixa mais clara a ideia da reencarnação. Mas essa tradução deixa também, nas entrelinhas, uma mensagem de reencarnação.

A primeira parte, em outras palavras, já pergunta se há reencarnação. A segunda parte demonstra o desejo de Jó de que a resposta seja sim, e para o que ele não mediria esforços. Ora, se Jó foi o exemplo de um homem justo e paciente e o reviver para ele era um desejo ardente, na recompensa que Deus lhe daria não poderia faltar a satisfação desse desejo, sem o que não teria a felicidade plena merecida por ele. Ademais, o que mais importa é que se trata de mais um

---

14. Jean PRIEUR, *O Mistério do Eterno Retorno*, pág. 21.

exemplo de reencarnação na Bíblia. E, como já vimos, há outro texto de caráter reencarnacionista de Jó: *Somos de ontem e nada sabemos*. (Jó: 8,9). E eis a versão da Igreja Ortodoxa Grega do texto de Jó, que estamos comentando (Jó: 14,14). *Quando o homem está morto, vive sempre; acabando os dias da minha existência terrestre, esperarei, porquanto a ela voltarei de novo.*

Os resgatados do Senhor voltarão e virão a Sião, com cânticos de Júbilo. (Isaias: 35,10).

Na quarta geração tornarão para aqui. (Gênesis: 15, 16).

Nossa vida é a passagem duma sombra, e não há regresso depois da morte... – linguagem dos ímpios. (Sabedoria: 2,5).

[...] viverão com seus filhos, e voltarão. (Zacarias: 10,9).

E irá adiante dele no espírito e poder de Elias... (Lucas: 1,17). Por que não no poder de Deus, mas, no de Elias? Referência a São João Batista, que, como vimos, é a reencarnação de Elias.

Eis que abrirei as vossas sepulturas, vos tirarei de dentro delas, e vos trarei à terra de Israel. (Ezequiel: 37,12).

Javé é quem faz morrer e viver, quem faz descer à sepultura, e de lá retornar. (1 Samuel: 2,6).

O estudo esotérico da Bíblia, também denominado por alguns de estudo psicológico da Bíblia, consiste justamente em ver o que está nas entrelinhas: o que é exotérico e o que é esotérico, o que é evidente e o que é oculto, e o que é explícito e o que é implícito. Aliás, São Paulo nos adverte como já vimos, para que não nos prendamos à letra das Escrituras, mas ao espírito da letra, pois que a letra mata (2 Coríntios: 3,6). E, se existe a possibilidade de alterações em alguns textos bíblicos, devemos nos precaver ainda mais, para que a mensagem bíblica seja autêntica para nós. O próprio Jesus nos aconselhou também que examinássemos as Escrituras. E é interessante observar que Jung fez um estudo psicológico de algumas partes da Bíblia descobrindo coisas interessantes, com seu talento de gênio.

4

Perante a metafísica e a ciência

Para quem estuda hoje os dois lados da moeda, a metafísica e a ciência andam de mãos dadas, principalmente do ponto de vista da física quântica e da genética.

Vamos tratar neste capítulo, primeiro da parte da metafísica, deixando a da ciência para o fim, a qual será mais uma espécie de apêndice.

Quem sofre com o pecado é o homem e não Deus

A Teologia sempre foi baseada no conhecimento que a Humanidade tem, principalmente sobre a natureza. E como o conhecimento que se tinha da natureza no passado era falho, conclui-se que a teologia do passado teve também suas falhas. E o pior é que os teólogos de hoje querem manter intacta essa teologia errada do passado.

A questão se complica ainda mais, quando sabemos que hoje a teologia é quase idêntica à teologia da Idade

Média, pois é baseada nas decisões dos concílios realizados pela Igreja, de tempos em tempos.

Mas, tanto dentro da Igreja quanto em outras agremiações cristãs, pois estamos falando da teologia cristã, há teólogos que estão séculos à frente dos outros. E é nos meios evangélicos de algumas igrejas que vamos encontrar adeptos da teologia mais atrasada. Eles vêm herdando quase que todos os erros da Igreja Católica do passado. Algumas correntes dos carismáticos da Igreja vêm fazendo o mesmo. E, diga-se de passagem, que carismático, de acordo com a sua etimologia grega "carismata", significa também médium – o que a maioria deles ignora. Também os evangélicos ignoram o significado real dessa palavra. Os fenômenos espirituais ou paranormais que acontecem com os carismáticos católicos e os evangélicos são mediúnicos. Já os espíritos entendem bem desses assuntos, pois lidam diretamente com esses fenômenos espirituais ou mediúnicos.

A nossa crítica não tem o sentido de agressão, pois somos de opinião que todos têm o direito de pensar como quiserem. Somos admiradores da tese de Leonardo Boff: "Consciência de Alteridade", isto é, respeito ao pensamento do outro. Apenas queremos mostrar a verdade.

Mas fazemos a seguinte ressalva: o indivíduo pode ter a melhor religião do mundo, se ela não serve para fazê-lo ter um coração mais bondoso para com seu semelhante, pouco ou nada ela vale, pois temos de amar a Deus pelo amor a todas as pessoas e a todos os seres vivos, estes últimos em menor grau, é óbvio.

Quando um indivíduo é fanático em sua religião, lembrando-nos que o fanatismo é produto da ignorância, ele ataca todas as outras, e não poupa nem os adeptos das outras religiões. Ele se fecha a tudo que acha não estar de acordo com os seus ensinamentos, desatualizando-se com as inovações que há no mundo, inclusive aquelas relacionadas com a teologia da sua própria igreja.

O fanático é encabrestado, mentalmente, pelos seus líderes religiosos, deixando que esses líderes pensem por ele. Geralmente o fanático é um elemento de baixo nível de instrução, ou de QI abaixo do normal.

É com relação ao pecado e às suas consequências que o fanático mais complica a sua vida e a vida das pessoas com quem convive. Ele é uma vítima, e faz outras vítimas em torno dele. É como se sua religião fosse uma droga. Mas, não devemos ser-lhes hostis, pois se o formos, estaremos sendo igualmente fanáticos. Devemos ser, pois, tolerantes, mesmo quando queremos ajudar um fanático, levando-lhe alguma luz, e não o conseguimos, uma vez que ele, às vezes, se torna agressivo, e, como diz o adágio popular, ele foge de nós, como o diabo foge da cruz!

Uma coisa que poucos evangélicos e católicos sabem é que o pecado é contra a Lei de Deus, ou as leis cósmicas. Mas, não é Deus que sofre com o pecado, e sim a vítima de nosso pecado e, consequentemente, o autor do pecado, pois colheremos o que tivermos plantado.

Se Deus sofresse com os nossos pecados Ele não seria Deus. Ele nos criou para a sua glória, e não para sermos dor de cabeça para Ele. Nós é que fazemos certas coisas que acabam sendo uma dor de cabeça para nós ou uma pedra em nosso sapato.

Um dos erros dos teólogos do passado é o de terem achado que Deus sofria com os nossos pecados, daí eles terem ensinado que Deus nos castiga por causa de nossos pecados, e apresentando-O a nós como um grande vingador, um grande justiceiro. E, ao falarem do poder de Deus, ao invés de nos apresentarem Deus como um instrumento de misericórdia e de amor, apresentavam-nO como um instrumento de poderosa e terrível ameaça.

Alguns dizem que Deus é bom, mas também é justo. Sim, é verdade. Mas Ele é também misericordioso, o que quer dizer que Ele tem compaixão pela nossa miséria, quando deixamos o caminho do bem, e trilhamos o do mal, que é fruto de nossa ignorância e do desequilíbrio de nosso desejo.

É aqui que vemos o sinal de certa identidade entre o Cristianismo e o Budismo ou entre o amor e a compaixão. É óbvio que as duas palavras têm sentido diferente. Mas o amor nos inclina à compaixão, e vice-versa. Assim é que o amor de Deus é acompanhado de misericórdia, que é compaixão, e a compaixão verdadeira é também amor. É verdade que a compaixão budista é mais para com todos os seres sencientes, enquanto que o amor cristão é mais para com os nossos semelhantes. Mas é verdade também que, dificilmente, odiamos um ser senciente não humano, embora usemos os animais e vegetais para nosso sustento, enquanto é frequente odiarmos um nosso semelhante.

A diferença que há entre nós e os seres sencientes da natureza é mais ou menos semelhante à que há entre Deus e nós. Assim, se devemos ter compaixão para com os seres sencientes da natureza, deve haver também em Deus compaixão para conosco seres humanos, compaixão esta que é justamente a sua misericórdia.

Mas, em Deus há também para conosco, além da misericórdia, um amor todo especial. Como a compaixão é uma coisa espontânea nossa e não obrigatória, mas agradável, a misericórdia de Deus não é também uma coisa obrigatória Dele para conosco, mas agradável, igualmente, para Ele. E para Ele é mais agradável, ainda, a sua compaixão para conosco, pois o seu amor a nós é maior do que o nosso amor para com os seres sencientes e maior ainda do que o amor que nós temos para conosco mesmos. Dizendo de outro modo, Deus nos ama mais do que nós mesmos nos amamos.

E, voltando à questão do pecado, gostaríamos de recordar aqui o significado da palavra pecado, "amartia" em grego, e que quer dizer "afastar-se da meta", ou seja, errar o caminho de nossa jornada em direção a Deus. Isso mesmo, errar o caminho, o que significa que, mais adiante, vamos descobrir o verdadeiro caminho. Então, como já foi dito, não é Deus que está sofrendo com o nosso pecado, mas o nosso semelhante, vítima de nosso pecado, e nós mesmos os autores do pecado, pois colhemos o que plantamos. Santo Agostinho diz: *Mas que ações pecaminosas podem atingir-Te, ó Deus, se és incorruptível? Que delitos Te ofendem, se é impossível fazer-Te mal?* [15]

Como estamos vendo, Santo Agostinho pensava como os reencarnacionistas pensavam desde a Antiguidade, e como nos ensina a Bíblia. Se fizermos o bem, receberemos o

---

15. *Confissões*, Livro 3º, 8.

bem. Se fizermos o mal, receberemos o mal. Aliás, veremos que ele também acreditava na reencarnação.

Assim é que cabe muito bem aqui uma outra afirmação desse grande sábio da Igreja: *Com efeito, é vosso desígnio e, assim, acontece que toda alma desregrada seja para si mesma o seu castigo.* [16]

Hoje, graças a Deus, as pessoas estão ficando mais esclarecidas, libertando-se de ideias errôneas a respeito de Deus, da santidade e do pecado. Por isso, elas estão em condições de entender que o pecado está para Deus, assim como o crime está para a lei civil.

Quando alguém comete um crime está contra a lei civil, mas quem sofre com o seu crime não é a lei civil e sim seu semelhante, vítima do crime, e o próprio criminoso. Assim também, o pecado é contra Deus ou sua Lei, mas não a Lei de Deus, e muito menos é Deus que sofre com o pecado e sim o nosso semelhante, vítima, e o autor do pecado que, muitas vezes, dependendo da gravidade do pecado, é também um crime.

Recorramos novamente a Santo Agostinho a respeito do pecado, ele que foi um mestre nesse assunto: *O pecado é o amor a si mesmo!*

E é de Santo Atanásio, de uma geração anterior a Agostinho, que nos vem uma frase, cujo conteúdo identifica o pensamento atanasiano com o do grande sábio cristão de Tagasta, e que nos esclarece ainda mais a respeito do pecado: *Os homens se afastaram de Deus, quando começaram a*

---

16. *Confissões*, Livro 1º, 12.

dar atenção a si mesmos. [17] Como vimos o pecado é fruto da nossa ignorância e do desequilíbrio de nosso desejo, sim, mas o nosso egoísmo contribui também muito para com ele.

Mas, se o pecado é um desvio do caminho de Deus, da nossa meta, fica claro, de fato, que de acordo com o que já foi estudado, Deus não é o prejudicado com o nosso erro. Com este fica de imediato prejudicado o nosso semelhante, e, futuramente, o autor do pecado, pois o mal feito contra alguém acaba voltando para si. E, dependendo de nossa responsabilidade, esse mal pode ser de proporção maior ao mal que fizemos ao nosso semelhante, pois as leis cósmicas que regem a lei de causa e efeito são sábias e inexoráveis. É como o princípio da física: *A toda ação corresponde uma reação de igual potência e reversibilidade.* E também São Paulo defendia essa lei de causa e efeito: *Colhemos o que semearmos.*

Porém, se pensarmos bem, o pecado é até necessário. E por quê? Justamente para fazermos algo que se transforme no mal colhido por aquele que plantou o mal. Assim é que o próprio Jesus disse: *Ai daquele de quem vier o escândalo, embora o escândalo seja necessário neste mundo.* (Mateus: 18,7). Ora, o escândalo é um tipo grave de pecado, e quer dizer "tropeço espiritual" ou "uma tropeçada no caminho que seguimos".

Muitos, ao afirmarem a Justiça de Deus, dizem que seu castigo é eterno. Mas, se Deus é justo, como poderia

---

17. Alice BAILEY, *De Belém ao Calvário*, pág. 180.

Ele punir faltas temporais com penas eternas? Ademais, Jesus ensinou-nos que ninguém deixará de pagar tudo até o último centavo. E isso significa que quem pagou tudo até o último centavo está quite com seu débito. Logo, não vai ter de pagar mais nada, principalmente porque Deus é justo. Logo não há penas eternas, no sentido de que são para sempre. E sem fim.

A justiça divina não é exagerada, pelo contrário, ela é perfeita e justíssima. Destarte, o tal de inferno de sofrimento eterno e sem fim não existe, foi uma fantasia dos teólogos do passado, que não conheciam ainda bem a Bíblia, além de terem tido um conceito errado acerca de Deus.

A palavra eternidade na Bíblia significa um tempo longo, demorado e indeterminado, mas não sem fim. É esse o significado da palavra grega "aionios" que está na Bíblia. E temos exemplos desse significado de eterno na Bíblia: *De eternidade em eternidade.* (Salmo: 106,48 e Daniel: 7,18). Ora, se há mais de uma eternidade, é porque eternidade não é um tempo sem fim, pois, para começar uma nova, a anterior deve ter sido terminada. Em outros termos, eternidade é um ciclo. É como o Manvântara dos hindus, o Kalpas dos budistas e o Eon dos gnósticos – eternidades e ciclos longos, mas que têm fim.

Concluindo este item, vamos ler um texto bíblico que reforça essa questão, e que nos deixa a impressão de que Deus não é nada do que os teólogos antigos diziam, e ainda hoje dizem alguns carismáticos da Igreja e a maior parte dos evangélicos, que então herdaram os erros dos teólogos do passado. E a própria Bíblia, referindo-se a Deus, condena essa suposta pena sem fim: *Não repreende perpetuamente, nem conserva para sempre a sua ira.* (Salmo: 103,9). E, na verdade, Deus não castiga ninguém. São as leis cósmicas que nos punem, fazendo funcionar a lei cármica ou de causa e efeito. Essas leis não punem, mas disciplinam-nos, ensinando-nos que é melhor para nós fazermos o bem do que o mal. É a vivência da lei do amor do Evangelho de Jesus que nos liberta.

O livre-arbítrio

No decorrer dos séculos, muitas polêmicas têm surgido acerca do livre-arbítrio. Uma das causas principais disso são os exageros e a ignorância dos teólogos do passado. Aliás, um dos erros mais frequentes em todas as religiões é o exagero dos teólogos que, muitas vezes, como já vimos, quiseram amedrontar os fiéis, para que pudessem manipulá-los mais facilmente. Não ignoramos que muitos teólogos agiram de boa fé, portanto, às vezes, inconscientes de seus erros. Mas, houve épocas em que até interesses políticos entraram nessa questão de os teólogos manipularem os fiéis. É que reis, imperadores e o clero católico tinham interesse em ver as igrejas cheias durante as missas, cujas homilias, muitas vezes, eram usadas como os meios de comunicação de massas do passado e mesmo como uma espécie de comícios favoráveis aos governantes unidos à Igreja.

Essa teologia política e de manipulação dos fiéis foi um dos motivos de a reencarnação ter sido banida da Igreja, e de ela, ainda hoje, ser repudiada pela Igreja e igrejas evangélicas, embora haja uma tendência para um afrouxamento dessa atitude da Igreja e as demais igrejas cristãs continuarem condenando a reencarnação. Mas de fato, ela prejudica os interesses dos dirigentes religiosos. É que a doutrina das vidas sucessivas ensina-nos que somos nós mesmos que temos de nos salvar, através do nosso próprio esforço para a vivência do Evangelho. Disse o Mestre que o reino dos céus é conseguido pelo esforço. (São Mateus: 11,12). E os dirigentes religiosos não querem ver o seu sistema prejudicado, principalmente no tocante à função profissional ritualística exercida por eles.

Houve épocas em que o negócio era amedrontar as pessoas, principalmente as mais simples, criando uma atmosfera de uma verdadeira "teofobia" (medo de Deus), e até de traumas entre elas. E, no entanto, a Bíblia até nos tranquiliza, o que os dirigentes religiosos escondem dos fiéis: *É melhor o dia da morte do que o dia do nascimento.* (Eclesiastes: 7,1).

Mas, retornando à questão do nosso livre-arbítrio, antes de qualquer coisa, é necessário que se tenha o conhecimento ou consciência do que se faz. E há três tipos de conhecimento: instinto, intelecto e intuitivo ou espiritual.

O conhecimento por meio do instinto, como já foi mencionado, é próprio dos animais, mas é encontrado também no homem e é automático e inato. E, se é automático, podemos dizer que ele é também inconsciente. De fato, nós o praticamos inconscientemente.

Já o conhecimento pelo intelecto é próprio do ser humano. Uma das características do ser humano é justamente a de possuir o intelecto, o que o distingue dos animais.

Por fim temos o conhecimento intuitivo, que se apresenta a nós, geralmente, de forma inesperada. Encontramos o conhecimento intuitivo de modo mais frequente entre os inventores, cientistas e filósofos, que são responsáveis por invenções e descobertas de novas teorias e doutrinas. Os chamados "insights", de que muito fala a Psicologia Transpessoal são exemplos de conhecimento intuitivo ou espiritual. Encontramo-lo também entre os praticantes de meditação transcendental – católicos, espíritas, budistas, teósofos, esotéricos, ocultistas, maçons, rosas-cruz, etc. São João da Cruz e Santa Tereza d'Ávila, com seus êxtases, são exemplos de católicos praticantes de meditação transcendental, cuja prática depende mais do indivíduo em querer praticá-la, e não da sua religião.

Sobre o conhecimento intuitivo disse Einstein: *Não se chega à verdade pelo estudo, ela acontece*. Às vezes, Einstein interrompia suas pesquisas, recolhendo-se em um biombo que havia em seu laboratório de trabalho. E, após um cochilo de uns 20 a 30 minutos, em um sofá no interior do biombo, ele saia anotando, às pressas, várias fórmulas que encontrava durante o rápido sono ou logo após o sono. Por meio do conhecimento intuitivo, a Humanidade tem percorrido um longo trajeto da estrada que leva à ciência e à sabedoria.

Mas, é por meio do conhecimento intelectual que, de um modo geral, funciona o nosso livre-arbítrio, pois é o conhecimento intelectual, estudado anteriormente, o conhecimento mais comum a todos nós. E o livre-arbítrio é o caminho que escolhemos, com o nosso intelecto, para seguir entre duas ou mais encruzilhadas. Podemos optar pelo erro, que é censurado por nossa consciência, ou pelo que é certo e que nos deixa a consciência tranquila.

Podemos, igualmente, em determinadas circunstâncias, estar errados e, pela nossa consciência, acharmos que estamos certos. Neste caso, não erramos, moralmente falando. Por isso Jesus disse: *Seja-te dado conforme tu creste.*

Segundo o determinismo, há situações em nossa vida, das quais dificilmente conseguimos escapar. É o que algumas ramificações cristãs chamam de predestinação, a qual é um equívoco.

Dentro da teoria da reencarnação, conseguimos encontrar explicações para algumas questões com as quais nos deparamos na nossa vida e na vida de outras pessoas. Um exemplo típico disso é o caso de Judas Iscariotes. De quem foi o livre-arbítrio na traição cometida contra Jesus, dele ou de Deus? O certo é que Jesus dissera aos seus apóstolos que não tinham sido eles que O escolheram. Neste caso, Judas Iscariotes foi escolhido por Jesus para cumprir aquela sua trágica missão de trai-lo com um beijo. Sem dúvida, a missão de Judas foi a mais dramática das de todos os doze apóstolos. E é interessante observarmos que Jesus disse a Judas Iscariotes que fizesse logo o que tinha de fazer. E aqui nos vêm à mente algumas perguntas: Sendo um pecado o que Judas iria fazer, Jesus estaria mandando-o fazer depressa o pecado? Façamos uma comparação com o episódio da ameaça de apedrejamento da mulher adúltera. Seria Jesus capaz de dizer à multidão que apedrejasse logo aquela mulher adúltera? E por que, no lugar de Judas, não foi escolhido outro apóstolo dos doze para realizar a sua traição a Jesus? Muitas pessoas vão dizer que se trata de um mistério de Deus. Mas Deus já é misterioso demais, para que ainda fiquemos criando mais mistérios para Ele!

De acordo com a Doutrina da Reencarnação, muitas coisas tidas como mistérios de Deus deixam de ser mistérios. Mas, muitos preferem deixar de lado o bom-senso dessa doutrina, para aumentar os mistérios de Deus, o que é uma desculpa evasiva, e que não satisfaz aos efetivamente interessados em saber a verdade.

Já vimos que muitas pessoas estão no erro e pensam que estão certas. Por isso Jesus disse que não devemos julgar ninguém. O nosso julgamento, de fato, é baseado em um conhecimento superficial. Às vezes, os fatos que envolvem a vida de uma pessoa têm raízes em uma vida passada. E nós, geralmente, só temos condições de ver aqueles fatos que são da vida presente. Assim, só Deus e uma consciência muito evoluída têm condições de fazer um julgamento perfeito. Por isso, realmente, é melhor seguirmos o conselho de Jesus, e não julgarmos as pessoas.

Acontece, às vezes, de as pessoas serem quase que, totalmente, arrastadas para certas circunstâncias em suas vidas, o que, porém, não as isenta de responsabilidades pelo que deliberam fazer. É claro que há fatores que tanto podem aumentar, quanto podem diminuir a nossa responsabilidade no que fazemos. Isso nos mostra que o nosso livre-arbítrio nem sempre é pleno. Só não podemos concordar com Santo Agostinho, que disse que o nosso livre-arbítrio não é completo por causa do pecado original. No lugar do pecado original, colocamos como fatores que podem prejudicar o nosso livre-arbítrio, as questões cármicas.

Os animais e os vegetais só têm instinto. Tudo que fazem é automático. Os animais, por verem só a si próprios no mundo, não possuem senso de piedade ou compaixão, a não ser para com seus filhotes. Eles e os vegetais nem sequer sabem que eles existem. Os animais têm muitas atuações. Mas eles não têm livre-arbítrio, a não ser em circunstâncias especiais de algum treinamento, mas que, neste caso, trata-se de um condicionamento ou uma espécie de automatismo que criamos nesses animais.

Se os animais não têm livre-arbítrio, por não terem conhecimento de nada, a não ser o do instinto, a pessoa que tem conhecimento maior do que o de outras pessoas passa a ter mais noção do que é certo e do que é errado. Daí é óbvio, sua opção de escolha ou de livre-arbítrio torna-se também maior, como, por consequência, se torna maior, igualmente, a sua responsabilidade.

E quanto àqueles indivíduos que têm conhecimento intuitivo de uma questão complexa e de muita responsabilidade, como, por exemplo, a descoberta de um remédio ou de uma vacina ou, ainda, de um outro invento muito importante, eles devem ter também mais responsabilidade com o seu livre-arbítrio em tais descobertas. Já um Logos, um anjo e um mestre atuam também, nos parece, tomando-se por base a intuição.

Quanto a Deus, por Ele somente fazer o bem é como se Ele possuísse também apenas o conhecimento do instinto dos animais e dos vegetais ou de um autômato, e não tivesse, portanto, livre-arbítrio. Faria Ele o bem só por que essa é a sua vontade, ou por que Ele, por ser Deus, por ser amor, não tem condições de fazer o mal? Trata-se de um paradoxo ou de um verdadeiro mistério de Deus, não porque algum teólogo o diz, mas porque, de fato, nós mesmos sentimos essa grande realidade!

Autorredenção e alorredenção

Lamentavelmente, muitas pessoas prendem-se mais à morte de Jesus na cruz do que à sua vitória contra as coisas do ego que dominam o homem, de um modo geral, e até à sua própria ressurreição espiritual.

A morte de Jesus na cruz foi um grande erro, uma ação injusta e infame de seus inimigos poderosos, a classe sacerdotal judaica e as autoridades do Império Romano. Certamente, foi a condenação à morte mais injusta na História da Humanidade.

Mas, é preciso que nos convençamos de que a morte de Jesus não foi por acidente ou por acaso. Quando Ele resolveu vir a esse nosso mundo, encarnando-se como um de nós, seres humanos do planeta Terra, "ipso facto", ficou determinado que Ele teria de morrer, pois quem reencarna, tem de morrer. Se sua morte, pois, que nos surpreende na forma de uma grande injustiça, não nos deve surpreender como uma morte em si, porque todo homem tem de passar pela experiência da morte de seu corpo. Podemos até dizer que, se Jesus não morresse, deixaria de ser um ser humano completo. E o fato de Ele ter morrido daquele jeito trágico que morreu, tem até um lado positivo para nós, isto é, chamou a atenção do mundo para com a pessoa Dele e, automaticamente, para com a sua doutrina, cuja prática é o que nos redime e que chamo de autorredenção. Mas há os que pensam que são a sua morte e o seu sangue derramado que nos salvam. A isso denomino alorredenção.

E lembremo-nos aqui de que, nos primeiros séculos do Cristianismo, a cruz trazia no lugar do corpo de Jesus crucificado um cordeiro ao lado dela, e em cima, de um lado, Jesus ressuscitado, triunfante. Assim foi até por volta dos séculos XII e XIII, quando um artista resolveu pintar um quadro em que apresentava Jesus crucificado, todo ensanguentado. Isso comoveu as pessoas, fazendo-as até chorar. O sucesso dessa pintura foi, pois, tão grande que a moda pegou. Cada pintor queria fazer mais sucesso com suas pinturas de Jesus na cruz. E, doravante, passaram a fazer também estátuas de Jesus crucificado. E Jesus passou, assim, a ser apresentado como um homem derrotado, ao invés de continuar sendo apresentado, como era antes, um homem triunfante e ressuscitado.

Nos primeiros séculos do Cristianismo e antes também, por ser um instrumento de suplício, a cruz era vista com desdém e até com certa repugnância pelas pessoas. E, por Jesus ter sido torturado e morto nela, a cruz passou a ser mais ainda repudiada. E assim é, que os gnósticos quebravam e chutavam as cruzes que encontravam, em polêmica com alguns cristãos, para os quais a cruz já passava a tomar certa conotação de um símbolo sagrado ligado a Jesus, embora, como vimos, ela ainda não trouxesse Jesus crucificado.

Com o correr dos séculos, o lado trágico de Jesus crucificado ganhou mais força, pois a tragédia de sua morte comovia mais as pessoas do que a sua ressurreição. Isso porque sua ressurreição era um fato comum, que vai acontecer com todos nós, como Ele mesmo ensinou. Já a sua morte na cruz foi algo revoltante, chocante mesmo para as pessoas.

Dessa forma, Jesus morto passou a ser a coisa mais destacada entre todas as que lhe diziam respeito. Alguns se "derretiam" diante de uma cruz com Jesus crucificado, deixando em segundo plano a sua doutrina, que era e é a prática incondicional do amor a Deus e entre as pessoas, e cujo exemplo é a renúncia do ego.

E sobre isso Jesus pronunciou uma frase que diz tudo, ou seja, que devemos renunciar a nós mesmos, pegarmos nossa cruz e segui-Lo. O conteúdo dessa frase é corroborado pelo de outra, em que Ele acentua que veio a esse mundo não para ser servido, mas para servir. E disse, ainda, *que quem quisesse ser o primeiro, que fosse também o maior servidor de todos.*

E uma questão é fundamental nos ensinamentos de Jesus, isto é, o amor que, por sua vez, se fundamenta na renúncia de nosso ego. E essa renúncia se caracteriza pela nossa firme disposição em servir as pessoas, e não em ser servido por elas. Não pode haver amor sem renúncia do ego. E a renúncia do ego nos leva à disposição de querermos servir. Como se vê, há uma interação entre renúncia e servir, tendo como pano de fundo o amor.

O nosso Cristianismo, na prática, descuidou-se do ensinamento da renúncia do ego. Ele ensinou muito o amor, mas não se chega a esse sem a renúncia do ego.

Já as religiões orientais e a Teosofia sempre se empenharam em por em prática essa renúncia, como base para a nossa evolução espiritual. Esse ensinamento é de todos os mestres, inclusive, como já referenciamos, do próprio Jesus. É verdade que Jesus fala mais em amor do que em renúncia, mas nós devemos ser inteligentes o bastante para percebermos que o amor implica renúncia, como implica servir.

Alguém poderia objetar dizendo que o amor a Deus é mais importante. E de fato é mais importante. Entretanto, nossa falta de amor a Deus na vida prática, quase sempre implica uma falta de amor ao nosso semelhante. Por isso já nos adverte São João afirmando que quem disser que ama a Deus e odiar seu irmão é mentiroso. (1 João: 4,20). Em outros termos, nosso amor a Deus tem de passar pelo crivo do nosso amor ao nosso semelhante, senão é falso. Por isso, o próprio Jesus nos ensinou que, no final dos tempos, vai ficar claro que tudo o que tiver sido feito ao menor de todos, ou seja, ao maior pecador, terá sido feito a ele.

Em outro segmento Ele diz que se estivermos no altar fazendo oferendas a Deus, e nos lembrarmos que não estamos bem com alguém, devemos nos reconciliar, primeiramente, com o nosso próximo, e depois continuar as oferendas. Isso quer dizer que estarmos bem com todas as pessoas é mais importante do que fazermos oferendas a Deus, ou, pelo menos, que não podemos estar bem com Deus, sem, primeiro, estar bem com todas as pessoas.

Outra coisa de que se descuidou o Cristianismo foi a tentativa de nossa busca de união com o Pai, Jesus e todas as pessoas. Um dos meios de se conseguir isso é a meditação transcendental dos orientais, dos espíritas, dos teósofos, de parte dos católicos, etc. Hoje já se pratica muito esse tipo de meditação no Ocidente. Mas ela chegou até nós não pelos caminhos normais do Cristianismo, mas pelo Yoga, Budismo, Teosofia e por outras correntes filosófico-religiosas, embora, como já foi mencionado, Santa Teresa D'Ávila e São João da Cruz tenham dado a nós exemplos de meditação transcendental.

As outras religiões têm trazido muitas contribuições para o Cristianismo do mundo moderno. Realmente, o mundo ficou hoje pequeno com o progresso das telecomunicações. E as religiões beneficiaram-se com isso, interagindo umas com as outras em assuntos filosóficos e teológicos.

A Seicho-No-Ie, por exemplo, chamou a atenção dos cristãos para o fato de que nós somos filhos de Deus, e que, por isso, devemos ser otimistas e alegres. Isso não é novidade para o Cristianismo, mas está sendo um incremento dessa verdade vista com pouca atenção pelos cristãos. De fato, se Deus é nosso Pai, somos todos filhos de Deus. E devemos valorizar e festejar essa grande verdade. Mas o Cristianismo acentua muito que Jesus é filho de Deus, e se esquece de afirmar que nós o somos também. Com isso, foi quase que, completamente, abandonada essa grande verdade cristã reforçada pela Seicho-No-Ie, pelo que lhe devemos ser muito gratos, bem como ao seu inspirado fundador Masaharu Taniguchi.

É importante não nos esquecermos que a característica de Deus como nosso Pai lembra-nos do nosso sentimento de fraternidade e que nós devemos nos considerar como irmãos, em torno de nosso Pai comum.

As religiões cristãs prenderam-se muito a dogmas e rituais, esquecendo-se do principal, ou seja, dessa realidade da nossa condição de irmãos um dos outros diante de nosso Pai comum, Deus. Aliás, essa ideia de Deus Pai é universal, embora, às vezes, nós O chamemos também de Criador.

Helena Petrovna Blavatsky, fundadora da Sociedade Teosófica e grande conhecedora dos ensinamentos de todas as grandes religiões, diz-nos uma grande verdade. Segundo ela, todas as religiões têm uma linha-mestra unindo-as, doutrinariamente falando. De fato, as religiões têm uma estrutura básica homogênea.

As diferenças são superficiais e estão mais em fatores regionais e históricos, bem como nos adeptos, do que nas doutrinas propriamente ditas.

Houvesse o Cristianismo estudado as teologias das outras religiões, e não teríamos tido tantos problemas religiosos, tantos desentendimentos religiosos e tantas guerras religiosas.

E quando sabemos que yoguis da Índia ficam com um braço erguido até que seque, ou que cerram seus punhos até que as suas unhas atravessem as mãos ou, ainda, que se enterram vivos, ficando somente com a cabeça de fora para respirarem e se alimentarem pelo resto de suas vidas, passamos a valorizar mais as outras crenças.[18]

Os politeístas, como a própria palavra indica, foram acusados de acreditarem em muitos deuses. Na verdade, eles acreditam em um Deus Único. Como já vimos, dizem até que Deus é aquele ser do qual nada pode ser dito. Os chamados outros deuses nada mais são do que uma categoria de ministros auxiliares do Deus Uno. O Cristianismo e o Judaísmo são politeístas? Não, é óbvio. Mas eles têm anjos (espíritos), que são também uma espécie de ministros auxiliares de Deus. Os chamados politeístas têm suas trindades, mas nós, judaico-cristãos, também as temos.

Um exemplo para aclarar essa questão. Os brâmanes da Índia têm Brama (Deus Criador), Vixnu (Deus Conservador) e Shiva (Deus Destruidor), mas eles têm também

---

18. João de Deus PINHO, O *Destino do Homem*, pág. 42.

Brâman (Deus Único ou Deus propriamente dito), que para nós cristãos corresponde ao Pai ou Deus Pai. De fato, como afirmou Félicie Challaye, o monoteísmo é o politeísmo hierarquizado.[19]

E não foi só o Judaísmo, na Antiguidade que pregou o monoteísmo. Os iranianos, com seu Ahura Mazda, embora com seu demônio Ariman, os babilônios com Marduque, bem como os egípcios com Amenhoten IV (Akhanaton), são exemplos de monoteísmo, pelo menos em seu estado embrionário.[20]

Ademais, *a monolatria dos judeus é uma forma de politeísmo,* segundo o escritor israelita Lods.[21] E, para este mesmo autor, na Bíblia, os israelitas foram derrotados pela cólera do deus de Moab. (2 Reis: 3,27).

Mas, reportemo-nos à questão principal desse item, ou seja, a da autorredenção e da alorredenção.

Já vimos que a morte de Jesus tinha de acontecer, pois quem nasce, tem de morrer. Porém, ela não deveria ter acontecido do jeito que aconteceu. Jesus merecia morrer de uma morte natural, sem nenhuma violência. Esse tipo de morte de Jesus valeu como nós dissemos, porque chamou a atenção do mundo sobre Ele e, consequentemente, acerca de sua mensagem. E, sem dúvida, sua morte na cruz foi, provavelmente, a maior injustiça que já se cometeu na Terra, pois foi condenado, injustamente, à morte o inocente dos inocentes.

---

19. Félicien CHALLAYE, *As Grandes Religiões,* pág. 257.
20. Idem, pág. 257.
21. Idem, pág. 58

Com essa explicação a respeito da morte de Jesus, queremos dizer que o principal de tudo isso não foi a sua morte propriamente dita, mas a sua vinda a este mundo, como portador da mensagem do Evangelho – A Boa Nova – para a Humanidade. Mais importante, pois, para a nossa salvação não foi a sua morte na cruz, mas os ensinamentos que Ele nos trouxe, os quais nos mostram o que temos de fazer para nos salvar, ou melhor, nos libertar.

E aqui chegamos a uma questão muito delicada, mas muito fácil de ser entendida, desde que nos norteemos pelo bom-senso, e deixemos de lado os preconceitos.

Afinal de contas, o que nos salva – o sangue de Jesus ou a doutrina de amor de Jesus posta em prática por nós?

É verdade que Jesus fez um grande sacrifício por nós, qual seja o de ter vindo a este nosso mundo e nele vivido, com o objetivo de trazer para nós a sua doutrina contida no Evangelho. Não foi, pois, morrer na cruz o Seu maior sofrimento. Naquele tempo era comum a pena de morte por crucificação.

Fala-se em cerca de 2.000 crucificados na Palestina no tempo de Jesus. No sacrifício de Jesus estão incluídos todos os dissabores porque passou Ele durante sua vida, desde o seu nascimento, os dissabores em suas andanças na vida pública e em razão do atraso espiritual ou moral das pessoas daquela época, mesmo de seus apóstolos e discípulos que muito O admiravam.

Mas, não podemos esquecer que nem a Boa Nova (o Evangelho) de Jesus, nem sua morte na cruz de nada valem para a nossa salvação ou libertação, se não quisermos fazer aquilo que nos compete fazer. E Deus é o primeiro ser a respeitar o nosso livre-arbítrio para fazermos ou não a nossa parte. Se a fizermos, nós nos salvaremos ou passaremos pela chamada "Porta Estreita", caso contrário, nossa libertação vai ficando para o futuro, de acordo com nossa evolução moral. Sim, porque Jesus não disse que quem não conseguisse passar pela "Porta Estreita" e são poucos os que passam por ela, não passaria depois. Aliás, Ele é salvador do mundo, e não somente de meia dúzia. Mas Jesus disse que muitos querem passar por ela, mas que não o conseguem. De fato, passar por ela significa esforçar-se para isso. Em outros termos, é necessário que se tenha mérito para tal. *O reino dos céus é tomado por esforço.* (Mateus: 11,12). Isso quer dizer que não é de graça que conseguimos a nossa libertação. Nós, pois, fazemos a nossa salvação, a nossa libertação. E isso é aqui, no nosso mundo de provas e expiações. Por isso estamos aqui encarnados, e aqui voltaremos muitas vezes para continuar a nossa evolução espiritual ou moral. Como diz a oração "Salve Rainha", a Terra é "um vale de lágrimas". Mas, no futuro, nosso planeta será um mundo de regeneração. E já estamos entrando nessa fase. Uma minoria já está nela.

Ainda devemos refletir acerca de outras questões que, acreditamos, ajudam-nos a entendermos melhor o assunto de que estamos tratando. Uma delas é a de que ninguém vai ao Pai senão por Jesus. Ele é o Caminho. Mas, há outra que diz que ninguém chegaria a Ele, Jesus, sem que o Pai o tivesse enviado. Por isso fazemos três perguntas:

1) Seria alguém capaz de se salvar ou passar pela "Porta Estreita", sem ser enviado por Deus, o Pai, a Jesus?

Jesus aqui significa o seu Evangelho, que não precisa ser, necessariamente, somente o seu Evangelho propriamente dito, pois pode ser outra escritura sagrada de outras religiões.

2) Seria alguém capaz de passar pela "Porta Estreita", sem ser por meio de Jesus, ou seja, sem ser por meio de sua doutrina ou outra semelhante?

3) Alguém que não pratique a doutrina de Jesus ou outra semelhante passaria pela "Porta Estreita"?

A resposta a todas essas perguntas deve ser "não".

Quando o Pai envia alguém a Jesus ou à sua doutrina, é porque ele merece ou já pode colher um produto valioso que ele plantou.

Ninguém vai ao Pai sem ser por meio de Jesus, quer dizer, sem ser por meio de sua doutrina de amor.

E a resposta à última pergunta aponta que ninguém se salva ou se liberta sem praticar o Evangelho ou outro ensino semelhante. É como se alguém fosse muito gordo de vícios e, por isso, não conseguisse passar pela "Porta Estreita". Primeiro, ele teria de perder peso, ficar bem magro, bem em forma, para caber nessa porta apertada!

Em síntese, o que nos salva é a vivência do Evangelho, cuja tônica é esta frase de Jesus: *Que vos ameis uns aos outros, como vos amei.* (João: 13,34). E é nisso que consiste a nossa autorredenção.

A nossa redenção vem, pois, de nós e não de fora ou por uma alorredenção (redenção nossa vinda pelo esforço de outra pessoa, no caso Jesus). Ele disse que sofreu e morreu para Ele se glorificar diante de seu Pai, e não para nós. (Lucas: 24,26).

Com a alorredenção o indivíduo quer viver na moleza, se é que podemos dizer assim, e espera que ele se salve pelo sangue de Jesus derramado na cruz. De acordo com o que nós já estudamos, o ensino de Jesus não é esse. Aliás, se fosse o sangue Dele que nos salvasse, poderíamos cruzar os braços e ficarmos, simplesmente, aguardando as coisas acontecerem. Na verdade, podem morrer 300 Jesus na cruz, se não fizermos a nossa parte (autorredenção), não nos salvaremos jamais. Se fosse a morte de Jesus que nos salvasse, todos nós passaríamos pela "Porta Estreita", na moleza, e todos de uma só vez!

Um exemplo desses indivíduos que estão fora da realidade, ou seja, esperando a salvação pela alorredenção, refere-se a cristãos, que sempre estão muito felizes e sorridentes, pois têm como certa a sua salvação ou a passagem pela "Porta Estreita". Eles se consideram felizes apenas com a sua própria salvação, jamais se entristecendo ou se incomodando com a condenação de seus irmãos, filhos do mesmo Deus Pai e Mãe de todos nós, condenação essa que eles consideram como certa e inevitável!

Em outras palavras, para a sua felicidade plena, basta a sua própria e exclusiva salvação, não se incomodam eles nem com suas próprias mães, pais, filhos e irmãos de sangue! E como fica o ensino de Jesus de amor aos irmãos, se eles não amam nem seus familiares? Onde está o seu cristianismo? *Pai, perdoa-lhes porque não sabem o que fazem!* Esses estão atolados na fácil, mas falsa doutrina da alorredenção! Oremos para que eles descubram a verdade que liberta, a qual começa pelo nosso esforço da autorredenção.

E aqui queremos dizer que não concordamos com o que disse Calvino, isto é, que todos os nossos atos são pecados. De onde ele tirou isso? Sem dúvida que não foi um espírito santo que o inspirou para dizer tal coisa, mas um espírito atrasado. E o pior é que há gente que acredita nisso que ele disse. Se fosse assim, então, Jesus teria perdido o tempo Dele em vir ao nosso Planeta, pois, ao fazermos o que Ele nos ensinou, estaríamos pecando! E ninguém passaria pela "Porta Estreita", pois, só passa por ela quem está isento de pecado. E, se tudo que fizermos for pecado, nunca deixaremos de estar em pecado!

Paulo disse: *Até que todos cheguemos à unidade da fé e do pleno conhecimento do Filho de Deus, à perfeita varonilidade, à medida da estatura da plenitude de Cristo.* (Efésios: 4,13). Nós vamos chegar à estatura mediana de Cristo, moralmente falando, portanto, quando estivermos libertos do pecado por completo. Mas isso já acontece parcialmente, o que quer dizer que há momentos em que nós não estamos em pecado.

A nossa vinda a este mundo tem muito a ver com nossa evolução espiritual e moral. Por isso estamos aqui. E viemos aqui para nos libertar do pecado e não ficar atolados no pecado e sem saída. Nós somos obras de Deus, filhos de Deus, portanto, não somos assim tão maus, como pensava Calvino. Ademais, nós colhemos o que nós plantamos. E quando plantamos o bem, colhemos o bem e não o mal, o pecado. E esse ensino não é só da Bíblia, mas das escrituras sagradas de outros povos amados também por Deus, pois Deus não faz acepção de pessoas. (Atos: 10,34).

E, como ensinou Jesus, Ele não quer que se perca nenhuma de suas almas, logo todos nós seremos salvos um dia, pois nada pode contra a vontade de Deus. Ele será o vitorioso. Se nós vivêssemos somente em pecado, certamente, a vitória final seria do diabo e não de Deus. E para a vitória total do bem sobre o mal, Deus nos criou imortais, e nos dá sempre novas chances de regeneração, pois sua misericórdia é infinita. E no fim, quando estivermos bem evoluídos, nós somente semearemos o bem, para colhermos também o bem. Sim, um dia pararemos de semear o mal, isto é, quando conhecermos, de fato, a verdade que nos libertará. E isso é tão verdade, que é universal, pois, como dissemos Deus não faz acepção de pessoas, mandando sua mensagem de amor e verdade para todos os povos. *Como o próprio homem semeia, assim colherá.* (Mahabharata). *Tal como o homem semeia, assim colherá.* (Ta-Chuang-Yang-Ding-Lun: 5,57). *Pela própria pessoa o mal é anulado, pela própria pessoa vem a purificação. Pureza e impureza pertencem à própria pessoa, e ninguém pode purificar outrem.* (Dhammapada).

E reforçamos esses pensamentos, repetindo o ensino de Jesus: *Ninguém deixará de pagar tudo, até o último centavo*, o que quer dizer que, pago o último centavo, estaremos quites, pois Deus é justo, e não vai permitir que continuemos a pagar o que já tiver sido pago.

Temos de saber interpretar as alegorias da Bíblia, e não ficarmos interpretando-a apenas, literalmente, o que é um grande erro dos teólogos do passado, entre eles, Calvino, que criou também a absurda doutrina da predestinação. Ademais, Jesus não aceitou tudo que está na Bíblia. Há coisa nela que não podemos atribuir a Deus.

E sobre as metáforas nela contidas, ela segue o estilo da região do Oriente Médio. Um crítico literário da região já disse que as metáforas e alegorias são tão comuns naquela parte do mundo que, segundo ele, quando algum escritor de lá quer escrever que o teto do templo é branco como o leite, ele já escreve que o teto é de leite!

Mas nos reportando à questão do pagamento de nossas faltas, Santo Agostinho nos traz luz, mostrando-nos que cada um recebe o que merece, fazendo ele silêncio sobre os que seriam, supostamente, condenados irremediavelmente. Essa foi uma posição prudente e sábia dele que, certamente, achava estranha uma condenação para sempre. E eis o que ele escreveu: *Há tantos que partem desta vida nem tão maus, que não mereçam ser olhados com misericórdia; nem tão bons, que mereçam ser considerados imediatamente como bem-aventurados.*[22]

E até parece que Santo Agostinho tenha se inspirado em Platão para dizer essas palavras que acabamos de ver, pois o grande gênio da filosofia afirmou: *Depois da morte, os que não são nem totalmente criminosos, nem absolutamente inocentes, sofrem penas proporcionais às suas faltas, até que, purificados dos seus pecados, recebem a recompensa das boas ações que fizeram.*[23]

E, o apóstolo Paulo nos ajuda no esclarecimento desse assunto: *Porque importa que todos nós compareçamos perante o tribunal de Cristo para que cada um receba segundo o bem ou o mal que tiver feito por meio do corpo.* (2

---

22. Santo Agostinho, *De Civitate Dei*, XXI, 24
23. Platão, *Fédon*, Ed. Leips.

Coríntios: 5,10). E disse mais o "Aposto dos Gentios": *Tu, porém, por que julgas a teu irmão? E tu, por que desprezas o teu? Pois todos compareceremos perante o tribunal de Deus.* (Romanos: 14,10).

Se existe esse julgamento logo após a morte de nosso corpo – o espírito não morre – mas existe também, de acordo com a Bíblia, o julgamento do Juízo Final na fase escatológica do homem, é porque aquele de logo depois da morte do corpo não é o julgamento definitivo. E não é definitivo, justamente porque continuamos a reencarnar e a realizar as nossas missões e, eu diria também, as nossas peripécias neste nosso mundo. Até lá, pois, lidaremos com nossas provações e expiações (carmas negativos), expiações estas de acordo com o julgamento após a morte do corpo.

E, assim, estamos nos purificando com a nossa autorredenção, que consiste em vivenciarmos o Evangelho de Jesus, enquanto pertencemos a esse nosso Planeta Terra. Terminamos essa parte com outra frase esclarecedora de Santo Agostinho: *Esse mundo é um mundo de construção da alma.*

A física quântica com seu eterno presente e outras ciências

A teoria da reencarnação, além de ser a teoria que mais satisfaz às nossas indagações acerca das questões metafísicas, é também a mais condizente com os postulados espiritualistas científicos modernos, com os quais têm certa analogia, motivo porque essa teoria vem ganhando, cada vez mais adesão de cientistas em todas as partes do mundo.

Ela encontra também paradigmas nas outras ciências que reforçam de algum modo as ideias de ciclos repetindo-se e, consequentemente, o da reencarnação.

Exemplos disso são as teorias da afinidade entre todas as coisas do Universo, imaginada por Paracelso, da analogia de Leonardo da Vinci, da sincronicidade de Jung, da serialidade da física relativista de Einstein, e do eterno presente da física quântica, segundo a qual, na realidade, não há o tempo passado e o futuro.

É o eterno presente, também, da metafísica e do símbolo oroboro da cultura oriental, palavra palíndrome, que tanto pode ser lida da esquerda para a direita, como da direita para a esquerda, sem mudança de seu fonema, e que significa uma serpente engolindo-se a si mesma pela cauda, simbolizado a interação entre estar vivo e estar morto, ao mesmo tempo, ou o eterno presente do espírito que é vida e independe do tempo, do espaço, do corpo ou forma tida como ilusão (maia). Em outras palavras, a reencarnação é o eterno presente metafísico de Deus e de nossos espíritos, centelhas divinas.

E, segundo a física moderna, os átomos do Universo estão, constantemente, morrendo e renascendo, em seguida, transmutando-se.

No século XIX, grande número de cientistas criou uma teoria à qual deram o nome de Palingênese. Segundo essa teoria ou doutrina, tudo o que é vivo e morre, regressa à vida, posteriormente. De fato, tudo que nasce, renasce. A chama da vela passa para outra vela. Assim, o contrário de morte não é vida, mas nascimento. A vida simplesmente se afasta do corpo, que não mais apresenta condições para a sua permanência – assunto já abordado nesta obra.

Igualmente, a genética sugestiona em nós a ideia da reencarnação.

Existe entre os elementos biológicos do DNA uma espécie de "ponte", que serve de ligação entre os elementos químicos das células, como no caso das ligações (reencarnações) da Citosina na Guanina – DNA e RNA (base nitrogenada) – e da Adenina na Timina (DNA), ou da Adenina na Uracila (RNA).

O Neoespiritualismo

Outra área que hoje merece respeito da ciência é o chamado neoespiritualismo, do qual faz parte o Espiritismo, que é também uma ciência. O neoespiritualismo caracteriza-se por ser um espiritualismo sem dogmas, e seguindo princípios racionais e científicos.

É verdade que a Bíblia condena a comunicação com os espíritos (Deuteronômio: capítulo 18). Porém, não devemos nos esquecer de que nem tudo que a Bíblia prescreve como normas para nós seguirmos vale para hoje e nem mesmo para os judeus de O Velho Testamento. As questões determinadas por ela só têm validade para hoje se estiverem de acordo com a chamada lei natural. As outras não precisamos seguir e, às vezes, nem podemos segui-las, pois nem os judeus da Antiguidade acatavam-nas. E o próprio Jesus não aceitou tudo como está na Bíblia. Por exemplo, Ele disse que não foi o homem criado para o sábado, mas o sábado criado para o homem. E, assim, não vale mais a proibição do consumo da carne de porco, de sangue de animal, etc.

Já não matar, não roubar, respeitar os pais, a mulher do próximo, não levantar falso testemunho, etc., por estarem de acordo com a lei natural, são preceitos que continuam valendo. Enfim, geralmente, o que vale para nós, cristãos de hoje, principalmente os espíritas, são os Dez Mandamentos do Decálogo. E, na verdade, o que a Bíblia proíbe e que tem validade para nós, hoje, são questões que prejudicam o nosso semelhante e a nós mesmos, pois, o que é pecado não prejudica a Deus, mas a nós próprios. Por exemplo, ela proibia o consumo de sangue porque ele é um foco de bactérias, principalmente para a região do Oriente Médio, onde o clima é muito quente, e naquela época sem geladeira, e quando as condições de higiene antigas eram precárias. Destarte, o consumo de sangue de animais representava um grande risco para a saúde das pessoas.

Assim, também, era a questão da comunicação com os espíritos dos mortos. Como sempre acontece, naquele tempo havia também os charlatões que enganavam as pessoas. E, como a ignorância no tempo de Moisés era muito grande, as pessoas eram alvos fáceis de enganações por parte dos charlatões. Ademais, as pessoas procuravam fazer contato com os espíritos dentro dos cemitérios, à beira dos túmulos, onde as pessoas, sem serem médiuns propriamente ditos, ficavam, às vezes, a noite toda no frio e na chuva, tentando um contato com os espíritos de seus parentes mortos, o que as expunha aos vários tipos de enfermidades. Moisés, então, estava mais do que certo em proibir tal prática, mas não foi bem mesmo Deus que fez tal proibição. Ademais, o próprio Moisés engrandece o contato com os espíritos em uma outra ocasião. (Números: 11, 26- 29).

Hoje, porém os seres humanos estão mais amadurecidos, sabendo separar o joio do trigo, isto é, sabendo identificar o que é verdadeiro do que é falso. Aliás, o próprio São João Evangelista instrui-nos no sentido de que examinemos os espíritos, para sabermos se são profetas verdadeiros ou falsos, com o que, além de ele nos demonstrar que podemos comunicar-nos com os espíritos, ele nos demonstra também que há profecias feitas por espíritos com os profetas do tipo "Nabi", aquele profeta que quando fala, escreve e gesticula, não é ele que faz essas coisas, mas um espírito as faz através dele. Hoje, modernamente, um profeta do tipo "Nabi" é chamado de médium. E os católicos mantêm contato com os espíritos dos santos, pois eles recorrem aos espíritos dos santos e não aos seus cadáveres que viraram pó nos cemitérios.

Há muitos anos, a Igreja dizia que tudo que acontecia no Espiritismo era fraude. Depois passou a afirmar que tudo era fruto da ignorância e atraso das pessoas. E houve uma época em que, para a Igreja, quem tinha o dom espiritual de receber espíritos, de vidência, de ouvir vozes, etc., era visto como um endemoninhado. E, ainda houve um tempo em que a Igreja considerava os médiuns como doentes mentais, e nisso ela andava de mãos dadas com os médicos e outras correntes filosóficas. Hoje, porém, a Igreja não comete mais essas incongruências. Mas os nossos irmãos evangélicos estão herdando os erros da Igreja do passado. E, por isso, veem o tal de diabo até nas sombras deles, e falam mais nele do que em Jesus e em Deus.

A Igreja de hoje tem vergonha dessas coisas que ela falava do Espiritismo. E vai chegar a vez de os evangélicos terem também essa vergonha. E, segundo as estatísticas, os espíritas representam os religiosos com o melhor nível de instrução, com milhares de psiquiatras, psicólogos, neurologistas, ou seja, profissionais especialistas de curso superior, da área de fenômenos mentais ou espirituais, bem como profissionais liberais de curso superior, de todas as áreas: advogados, engenheiros, professores universitários, odontólogos, sociólogos, jornalistas, juízes, promotores de justiça, desembargadores, procuradores de justiça, assistentes sociais e, às ocultas ou reservadamente, padres, pastores e até bispos.

Algumas autoridades da Igreja, entre elas, o padre Oscar G. Quevedo, um parapsicólogo teórico, não de laboratório, tenta o absurdo de adaptar a parapsicologia às doutrinas dogmáticas da Igreja. Tal parapsicologia é materialista, a qual, ao contrário da parapsicologia espiritualista, não convence ninguém com seus argumentos fantasiosos.

Vejamos o que diz uma grande personalidade do mundo científico da atualidade acerca da mente, o Dr. Wilder Panfiels, canadense e neurocirurgião, o qual faz distinção entre o que é o cérebro e o que é a mente, diferença essa muito acentuada também pelos pesquisadores espíritas: *O cérebro é um computador. A mente é um programador. (The Mistery of Mind)*.

Outro grande cientista pesquisador da mente e do cérebro, Hans Driesch, afirma: *O Espiritismo é uma hipótese justificada e lógica.*

A realidade das chamadas cirurgias espirituais, algumas das quais sem nenhum contato com o paciente, e que podemos denominar hoje, sem estarmos sendo ousados, de religião científica, é um desafio para aqueles que são adversários do Espiritismo.

Lembramos aqui um episódio que se constitui em verdadeira sessão espírita, a saber, a comunicação do rei Saul com o já falecido Samuel, através da médium de Emdor, e que é narrado em detalhes em *O Velho Testamento* (1 Samuel: capítulo 28).

O fato é apresentado com naturalidade, sem nenhuma condenação a Saul por ter ele se comunicado com o espírito de Samuel já desencarnado. É interessante que se observe que tudo o que foi dito por Samuel, em uma verdadeira sessão espírita, confirmou-se, pois tudo o que disse Samuel, que aconteceria com Saul, inclusive a morte de Saul e de seus filhos no dia seguinte, no cerco dos filisteus, aconteceu.

A Transcomunicação

A Transcomunicação ("Transcomunication") é, hoje, outra ciência que reforça o fenômeno da reencarnação, pois nos mostra que a nossa vida não termina com a morte do corpo, além de os espíritos manifestantes falarem em reencarnação.

A Transcomunicação é feita por meio de aparelhos eletrônicos, como rádio e TV que não estejam sintonizados com nenhuma emissora. Trata-se de um fenômeno espontâneo, e que tem acontecido muito no chamado Primeiro Mundo. Segundo se diz, tem acontecido lá em razão do reduzido número de médiuns no Primeiro Mundo.

Outros aparelhos eletrônicos usados na Transcomunicação são: o telefone, o gravador, o espiricom e outros.

E há uma vasta literatura internacional acerca do assunto nos países em que esse fenômeno acontece mais.

O padre jesuíta francês François Brune é um cientista de fama internacional nas pesquisas dessa área, ao lado do físico alemão Ernst Senkowski, do parapsicólogo suíço Teo Locher e da Drª. Maggy Harsch, de Luxemburgo. O padre François Brune representa o Vaticano na vertente Transcomunicação.

E aproveitamos o ensejo para registrar que, hoje, tendo em vista a necessidade de experiências laboratoriais para as pesquisas de fenômenos paranormais, a palavra parapsicologia está se tornando obsoleta para alguns parapsicólogos, os quais estão preferindo a esse termo as palavras psicotrônica e a radiônica. Estão, pois, caindo de moda os parapsicólogos teóricos, entre eles o padre Gonçales Quevedo. Os modernos parapsicólogos, chamados de psicotrônicos ou radiônicos, para as suas experiências em laboratórios são também formados em áreas afins, como a física, a engenharia eletrônica, etc., os quais estão contribuindo muito para o desenvolvimento da Transcomunicação. Também entidades do mundo espiritual têm contribuído muito para esse desenvolvimento.

A Projeciologia

A Projeciologia, fenômeno que no passado foi chamado de bilocação ou bilocalidade pela Igreja, aconteceu com muitos médiuns canonizados como santos pela Igreja. Esse fenômeno, chamado pela parapsicologia de desdobramento, consiste na saída do espírito de seu corpo, ficando ligado ao corpo por apenas um cordão de energia denominado de Cordão de Cristal.

As experiências nessa área de Projeciologia têm dado respaldo à reencarnação, pois os espíritos contatados através dela abordam a reencarnação. Além disso, os espíritos que saem de seus corpos fazem suas viagens não só no espaço, mas também, no tempo, regredindo às suas vidas passadas. Popularmente, a Projeciologia é chamada de viagem astral.

No Brasil, o cientista médico, filósofo e escritor, Dr. Valdo Vieira, é a maior autoridade em Projeciologia, sendo uma das maiores do mundo. Ele é fundador do Instituto Internacional de Projeciologia. Possui uma vasta biblioteca acerca do assunto, em cerca de 40 línguas. E a NASA é a organização mais avançada no assunto.

Encontramos na Bíblia registros de fenômenos projeciológicos. Um deles aconteceu com São Paulo, no momento de sua conversão ao Cristianismo, fato esse narrado por ele mesmo: *Conheço um homem que, há quatorze anos, foi arrebatado até o terceiro céu, se no corpo ou fora do corpo, não sei, Deus o sabe, foi arrebatado ao paraíso e ouviu palavras inefáveis, as quais não é lícito ao homem referir.* (2 Coríntios: 12, 2-14). E temos a narração muito simples de outra viagem astral, acontecida com Ezequiel: *Então o Espírito me levantou e me levou.* (Ezequiel: 3,14). No livro dos hindus, *Bhagavad Gita*, com mais de 7.000 anos, esse fenômeno de saída do corpo é também encontrado: *Por uma janela posso ver o mundo.*[24]

---

24. Huberto ROHDEN, *Lúcifer e Logos*, pág. 69.

A Teosofia

A sociedade Teosófica é uma sociedade filosófica que tem por objetivo um movimento de fraternidade universal, com o estudo do lado oculto do homem e da Natureza, e a busca do conhecimento da essência de todas as religiões, comparando-as, e sem fazer distinção de raça e classe social. A Sociedade Teosófica foi fundada em 1875 em Nova York por Helena Petrovna Blavatsky, uma grande sábia e uma grande médium. Através de seus dons espirituais, ela tomou conhecimento da base complexa de todos os ensinamentos ocultistas e esotéricos das religiões, mormente das religiões orientais. É autora da famosa e complexa obra de difícil compreensão: *A Doutrina Secreta*.

Teosofia, etimologicamente, quer dizer sabedoria divina ou sabedoria sobre Deus. Deriva-se de duas palavras gregas: "Teos" (Deus) e "Sofia" (sabedoria).

O movimento teosófico tem o nome oficial de Sociedade Teosófica, que não deve ser confundida com a milenar Teosofia, fundada pelo neoplatônico Amônio Sacchas, no século II.

A Sociedade Teosófica ressuscitou, se é que podemos dizer assim, aquela Teosofia milenar de Amônio Sacchas a qual sobreviveu na clandestinidade, resguardando-se de perseguições da ortodoxia católica durante séculos. Hoje a Sociedade Teosófica está espalhada por mais de 60 países, com sua sede em Adyar, Índia.

Estudando as religiões, a Sociedade Teosófica dedica-se muito ao estudo da reencarnação, que é uma de suas grandes verdades. Pela meditação transcendental, os teósofos procuram iluminação e unidade com Deus.

Teosofia e Sociedade Teosófica são duas instituições diferentes, por um lado. Por outro, são afins, pois ambas buscam o conhecimento acerca de Deus e das religiões. Outros movimentos filosófico-espirituais formando o Neoespiritualismo são: a Gnose, o Esoterismo, a Seicho-No-Ie, os Rosa-Cruzes, a Brahma Kumaris, Yoga, Santo Daime, União Vegetal, Templários, Ocultistas, pensadores liberais, etc. Como se vê, os neoespiritualistas pertencem a diversas religiões, havendo muitos deles entre os cristãos e os seguidores da Bíblia.

É vasta, profunda e muito interessante a Literatura Teosófica, sendo alguns de seus autores de renome internacional. Entre eles, a sua fundadora Helena P. Blavatsky, Charles L. Leadbeater, Jinarajadasa e Annie Besant, a qual foi presidente da Sociedade Teosófica, sendo considerada a maior oradora feminina da primeira metade do século XX.

Atualmente, é presidente internacional da Sociedade Teosófica a escritora indiana Hada Burnier.

A TVP (Terapia de Vivências Passadas)

No século XIX e princípio do século XX, os maiores adversários do Espiritismo foram os médicos e a Igreja.

Hoje, por ironia, são os médicos, principalmente os psiquiatras, os psicólogos e os católicos os que mais vêm abraçando o fenômeno da reencarnação, uma doutrina básica do Espiritismo.

Os psiquiatras e os psicólogos influenciados por um número cada vez maior de colegas reencarnacionistas, alguns de renome internacional, vêm se tornando terapeutas da Terapia de Vivências Passadas (TVP).

Muitas doenças mentais, como traumas, certas fobias, insegurança, angústia, ansiedade, depressão e outras têm, muitas vezes, suas causas em vidas passadas. E somente com a regressão aos instantes em que ocorreram tais causas consegue-se, de fato, a cura dessas doenças. Muitos terapeutas de regressão até à vida fetal, os quais não acreditavam nem sequer em Deus, acabaram sendo surpreendidos pelos seus pacientes que, inesperadamente, passaram a vivenciar momentos e fatos de suas vidas passadas.

A regressão a vivências passadas, inclusive a vidas passadas, tornou-se um assunto de rotina entre as pessoas de todas as classes sociais e credos, as quais estão buscando a cura de seus males mentais (espirituais) com os terapeutas de TVP.

No Brasil, atualmente, estão sendo criados cursos para que psiquiatras, clínicos e psicólogos passem a exercer essa terapia. Por isso, já existem as delegacias regionais em várias capitais de Estados, sendo uma das maiores autoridades nessa área a Dr[a]. Maria Teodora, psiquiatra de Campinas, SP, a qual é presidente da SBTVP (Sociedade Brasileira de Terapia de Vivências Passadas). Além da SBTVP, existe também no Brasil o Instituto Nacional de Terapia de Vivências Passadas (INTVPA), com sede no Rio de Janeiro, RJ. Em Minas Gerais, é Delegado da SBTVP o Dr. Luís Benigno. Outros importantes membros da SBTVP em Minas Gerais são o psicólogo Luís Fróis e o psiquiatra Dr. Luís Braga.

A SBTVP, com sede em Campinas, tem um jornal que é endereçado a grande número de psiquiatras, médicos e psicólogos ligados à TVP de todo o Brasil.

A procura pela TVP é muito grande. Mesmo o autor deste livro é muito procurado para prestar informações a respeito desse assunto, que já se tornou até tema de novela da Rede Globo, com grande sucesso: "Anjo de Mim". Muitos até lamentaram por essa novela não ter sido apresentada no horário nobre, quando poderia assisti-la um número maior de pessoas.

Mas, é no Primeiro Mundo que a TVP está mexendo mais com o grande público. E cresce em todos os países o número de terapeutas especializados em vivências passadas. Alguns têm renome internacional: Brian L. Weiss, autor de *Muitas Vidas – Muitos Mestres*, americano residente em Miami, Flórida. O Dr.Brian é um psiquiatra que comanda uma equipe de especialistas da mente que pesquisa a massa cefálica em laboratório. Era um materialista. E foi surpreendido por um paciente seu que ao ser regredido à vida uterina, de repente, passou para uma vida passada. A partir daí, o cientista Dr. Brian passou a estudar profundamente essa área da TVP. Ele faz hoje palestras em todo o mundo, e já tem consultas marcadas para vários anos. É um grande defensor do fenômeno da reencarnação.

Vamos agora para a Inglaterra, onde há outro famoso vulto da TVP. Trata-se do Dr. Alexander Cannon, autor de *The Power Within*. O Dr. Cannon possui diplomas de nove universidades europeias, e comanda uma equipe de cerca de 70 psiquiatras e psicólogos especialistas em TVP, a qual já curou centenas de milhares de pessoas.

Deixemos que ele mesmo nos fale:

> *Durante muitos anos, a Teoria da Reencarnação foi um pesadelo para mim. Esforcei-me ao máximo para invalidá-la, chegando até mesmo a discutir com meus pacientes em*

transe, dizendo que estavam proferindo tolices. Todavia, com o decorrer dos anos, um paciente após outro me contava a mesma história, a despeito das diferentes e variadas crenças. Agora, com mais de mil (1.000) casos investigados, tenho de admitir que a reencarnação existe.[25]

Da França temos o cientista Dr. Patrick Drouot, físico, filósofo e parapsicólogo que, há muitos anos, vem pesquisando a regressão a vidas passadas. Radicado nos Estados Unidos, entre outros livros, lançou *Reencarnação e Imortalidade*, sucesso de livrarias em todo o mundo.

Na Alemanha, temos o Dr. Thorwald Dethlefsen, autor de *A Regressão a Vidas Passadas como Método de Cura* e *O Desafio do Destino*, além de outras obras conhecidas internacionalmente. É da Universidade de Munique.

A Drª. Helen Wambach passou a maior parte de sua vida como cética, sem jamais imaginar que fosse uma médium. Famosa psicóloga americana e autora de *Recordando Vidas Passadas*, livro em que mostra, aproximadamente, mil casos de experiências de vidas passadas de pessoas submetidas à hipnose.

Os dados estatísticos envolvendo sexo, vestuário e alimentação têm um grande valor científico, segundo cientistas especialistas no assunto, ao comentarem essa sua obra.

Roger J. Woolger, o famoso americano junguiano que se tornou reencarnacionista por meio de suas experiências como terapeuta de regressão, apesar de antes ter sido sempre

---

25. Joel L WHITTON; Joe FISCHER apud Alexander Kannon, *Vida-Transição-Vida*, págs. 83 e 84.

um cético. *As Várias Vidas da Alma* é uma obra de grande valor científico de sua autoria, com sucesso em vários países.

Dr. Jaime Romeo Rossler, de Farroupilha, RS, empresário, médico e cientista, que sempre fez como um "hobby" de sua vida o estudo científico da alma. *A Origem Genética da Alma* é de sua autoria, obra lançada recentemente, na qual expõe sua teoria científica sobre a origem da alma, deixando clara a sua posição favorável à reencarnação e à TVP.

Dr. Bruce Goldberg, um americano, odontólogo e parapsicólogo, com milhares de regressões feitas com seus pacientes de Baltimore. Como exemplo de outros pesquisadores da física quântica e da genética, o Dr. Goldberg, além de fazer viajar ao passado as pessoas, as faz dar um mergulho também no futuro. É dele esta afirmação: *A genética psíquica é mais importante do que a biológica na determinação do caráter das nossas vidas.*[26]

No Canadá, temos o Dr. Joel L Witton, especialista em hipnorregressão, e catedrático de Psiquiatria da Universidade de Toronto, o qual se uniu ao seu colega Joe Fisher, para escrever *Vida – Transição – Vida*, um trabalho científico em que, através da regressão, é explorada principalmente a vida entre vidas do espírito.

Sábios, personalidades importantes e religiões reencarnacionistas

Nesta parte, em que mostramos que a Teoria da Reencarnação tem o respaldo da ciência, achamos por

---

26. Bruce GOLDBERG, *Vidas Passadas e Vidas Futuras*.

bem apresentar uma lista das personalidades importantes reencarnacionistas, isso porque, nas lavagens cerebrais que fizeram em nós ocidentais contra a reencarnação, tentaram convencer que essa crença era coisa de orientais, como se fossem eles povos atrasados, de mentalidade curta.

Com esta lista fica demonstrado que a crença na reencarnação é universal, e não somente oriental, apesar das hostilidades que houve contra ela na Idade Média, aqui no Ocidente. E nós deixamos aqui registrado o nosso repúdio ao preconceito contra os orientais, entre os quais há, hoje, potências atômicas, econômicas e tecnológicas. E, aliás, estamos de pleno acordo com o fato de que, realmente, "a luz vem do Oriente", isto é, da Índia, da China, do Japão e do Oriente Médio, regiões que são o berço de todas as religiões.

Muitas dessas personalidades que serão citadas já apareceram em outras partes desta obra:

Hermes Trismegistro (três vezes grande).
Krishna (oitava encarnação de Vixnu).
Terécides de Siros.
Manethon, sacerdote e historiador egípcio do século III, a.C.
Lao-Tsé, autor de *Tao Te Ching (O Caminho Perfeito).*
Sidarta Gautama (Buda).
Pitágoras. Confúcio. Sócrates. Juliano Apóstota que se lembrava de ter sido Alexandre da Macedônia.
Patângeli, o fundador do Yôga.
Júlio César.
São Clemente de Alexandria.
Orígenes.

São Justino, mártir, autor de *Apologia da Religião Cristã*.

Antonio Sacca, fundador do Neoplatonismo e da Teosofia antiga.

Plotino.

Ario, fundador do Arianismo.

Rufino.

São Jerônimo.

Santo Agostinho.

São Cirilo, Patriarca de Alexandria.

São Francisco de Assis.

Santo Atanásio, Patriarca de Alexandria.

Mestre Eckart, grande sábio alemão dominicano do século XIII, influenciado pelo Budismo.

Paracelso, respeitado sábio suíço e alquimista do séc. XVI.

São Boaventura, cardeal da Ordem dos Franciscanos.

Leibnitz, conhecido sábio alemão dos séculos XVII e XVIII, especialista em monadologia, sendo famosa a sua "Teodicéia". Deixou-nos uma célebre frase: *Tudo vai pelo melhor dos mundos possíveis*.

Giordano Bruno, um grande gênio do séc. XVI, dominicano que muito combateu a filosofia de Aristóteles. Alguns acham que Descartes, Espinosa e outros filósofos importantes ter-se-iam inspirado nele. Considerado herege, morreu na fogueira, com 50 anos, no alvorecer do século XVII (1600).

Cardeal de Cusa, filósofo, astrônomo e teólogo italiano do séc. XV. Defendeu o predomínio dos concílios ecumênicos sobre os papas.

Jacob Boehme, teósofo e místico alemão dos séculos XVI e XVII.

Shakespeare, o maior poeta inglês. Deixou-nos uma frase célebre: *O herético não é aquele que é queimado numa fogueira, mas sim, aquele que acende uma fogueira.*

Dante Alighieri, maior poeta italiano, autor da *Divina Comédia*. Deixou nesta obra, de um modo truncado, a ideia da reencarnação. Agiu assim, provavelmente, para evitar problemas com a Inquisição. Viveu nos séculos XIII e XIV.

Goethe, filósofo e maior poeta alemão.

Lessing.

Hegel, com seu pensamento básico de "tese, antítese e síntese".

Kant que justamente parte da dúvida para reconstruir a certeza, por meio da razão prática.

Nietzsche, autor de *Assim Falou Zaratustra*, célebre filósofo alemão pessimista. Baseava a sua moral na cultura da energia vital e da vontade de poder, que é capaz de fazer o homem evoluir até chegar ao "super-homem". O seu pensamento teve muita influência sobre Hitler e os teorizantes do racismo alemão. É considerado materialista, porém, acreditava na sobrevivência e na reencarnação, que é o que nos interessa de seu pensamento. Por isso citamos aqui três aforismos dele, um dos quais já aparece no início deste livro: *O conceito de renascimento é um ponto de mutação na história da humanidade.* (Thorwald Dethlefsen, *Regressão a Vidas Passadas Como Método de Cura*, pág. 9, Editora Pensamento, 1996, São Paulo, SP). *Minha doutrina é: Deves viver de modo a poderes desejar viver novamente – esse é o teu dever –, pois, de qualquer forma, viverás novamente* (Brian L. Weiss, *Muitas Vidas – Muitos Mestres*, Editora Salamandra, pág. 123, Rio de Janeiro, RJ). *Nós revivemos as nossas vidas detalhe por detalhe*

(John Algeo, *Investigando a Reencarnação*, págs. 158 e 159, Editora Teosófica, 1995). Trata-se da concepção de Nietzsche do eterno retorno ou recorrência. Como os átomos do Universo são em número astronômico, mas finito, e estando em constante movimento, no decorrer do tempo infinito devem repetir suas combinações anteriores.

Max Muller, célebre cientista inglês, de origem alemã, falecido em 1900.

Benjamin Franklin, estadista americano, teólogo, físico e inventor do para-raios.

Schelling, o notável poeta de Württenberg e um idealista subjetivo.

Lamartine, "o primeiro poeta romântico da França", autor de *Viagem ao Oriente*.

Van Der Leeuw, ocultista australiano, autor de *A Dramática História da Fé Cristã*.

William Crookes, descobridor da matéria radiante e do tálio.

Swedenborg, teósofo sueco, falecido em 1872, médium e possuidor de um conhecimento intuitivo, com muitos admiradores em todo o mundo.

Masaharu Taniguchi, autor de uma vasta bibliografia filosófico-espiritualista, na qual se fundamenta a filosofia da Seicho-No-Ie, que se baseia no Cristianismo e no Budismo, com milhões de adeptos cristãos e budistas em todo o mundo.

Charles W. Leadbeater, teósofo, vidente, sacerdote anglicano que passou muitos anos na Índia, sendo um dos expoentes da Literatura Teosófica. Mais tarde, continuando teósofo, foi bispo da Igreja Católica Liberal Alemã. Essa Igreja é uma parte da Igreja Católica Apostólica Romana que não aceitou o Dogma da Infalibilidade do papa, proclamado pelo Concílio Ecumênico Vaticano I (1870).

Carlos B. G. Pecotche – Raumsol – sábio, filósofo e escritor argentino, fundador da Logosofia.

Éliphas Lévi, célebre ocultista francês do século XIX, que seguiu, de início, a carreira eclesiástica, porém, mais tarde, em entendimento com a Igreja, afastou-se da carreira eclesiástica procurando, entretanto, manter-se em harmonia com a Igreja. São poucas as pessoas que conseguem assimilar o seu profundo conhecimento ocultista, esotérico e cabalista.

Léon Denis, respeitado filósofo e escritor francês na área de religiões, principalmente o Espiritismo.

Papus, grande sábio francês, discípulo de Éliphas Lévi, grande conhecedor do Martinismo e da Cabala. O entendimento de suas obras cabalistas é para poucas pessoas, tal a sua profundidade.

Voltaire, famoso filósofo francês marcado pelo tom irônico, poeta e prosador é o escritor por excelência da França. Sobre a reencarnação disse: *É mais surpreendente nascer a primeira vez do que a segunda, pois tudo na natureza é ressurreição.*

Gurdjieff, renomado ocultista e mago russo, poliglota e autor de *Encontro com Homens Notáveis*. Um gênio, que só agora começa a ser mais conhecido com a tradução de suas obras para várias línguas.

Gabriel Delane, grande escritor francês de obras espíritas.

Joel Goldsmith, um grande teólogo americano, apesar de ter sido um simples comerciante. Dele disse Huberto Rohden: *Ele foi muito feliz em ter entrado no campo da teologia.* Goldsmith é autor de *A Arte de Curar pelo Espírito*.

Ouspensk, psicólogo e ocultista russo de renome internacional, e discípulo de Gurdjieff.

Meishu-Sama, fundador da Igreja Messiânica.

Edgar Caice, famoso médium e pastor americano da primeira metade do século XX.

Ian Stevenson, cientista americano, diretor do Departamento de Psiquiatria da Universidade de Virgínia, com mais de 2.000 casos de reencarnação pesquisados em várias partes do mundo. É autor de *Vinte Casos Sugestivos de Reencarnação* e de uma obra de grande valor científico sobre reencarnação, em dois volumes, com cerca de 2.300 páginas, e ainda não traduzida para o português.

Dr. Rozier, respeitado sábio francês do século XIX, e pesquisador da reencarnação.

Huxley, o grande vulto do transformismo, autor de *Evolução Ética*, e que disse, com referência ao nosso corpo: *O que começa no tempo, termina nele.*

Vasiliev, o mais importante parapsicólogo russo da atualidade, e que afirmou: *No dia em que a humanidade descobrir a força que o homem tem na mente, terá sido feita uma descoberta tão importante como a da bomba atômica.*

Dom Mercier, cardeal belga, que declarou a respeito de a alma vir várias vezes a Terra, mantendo a consciência de sua personalidade: *Não vemos qualquer razão em si mesma que possa afirmar ser isso impossível ou indubitavelmente falso.* (Revista *Evolução Editorial* nº. 2, pág. 5, São Paulo, SP).

Dom Passavalli, arcebispo italiano, afirmou sobre a reencarnação: *Tal crença não conflita com o dogma da Igreja.* (Revista *Evolução Editorial* nº. 2, pág. 5, São Paulo, SP).

Pandit Chaterje, que diz: *A alma é nutrida por sua história inteira, mas precisamos examinar determinados detalhes, só quando um problema persiste de vida em vida.*

Dra. Helen Wambach, psicóloga americana e grande pesquisadora a respeito da regressão a vidas passadas já realizou pesquisas com mais de mil pacientes. É autora de *Recordando Vidas Passadas*, uma obra cujo conteúdo corresponde aos paradigmas da ciência histórica, em se tratando de estatística, fato que muito tem impressionado os cientistas.

Paulo Coelho, renomado autor de várias obras traduzidas para várias línguas, membro da Academia Brasileira de Letras, mago, católico, e com mais de 40 milhões de livros vendidos. Entre suas obras, destacam-se *O Alquimista* e *O Monte Cinco*.

Zachary Lansdowne, com mestrado em quatro universidades americanas, autor de várias obras de ocultismo, e um estudioso de Alice A. Bailey.

Joel L Whitton, catedrático da Universidade de Toronto, Canadá, sendo juntamente com Joe Fisher autor de *Vida – Transição – Vida*.

Trigueirinho, grande sábio esotérico, com mais de 70 obras escritas e já publicadas em várias línguas. Tem milhões de leitores e admiradores em todo o mundo.

Dr. Bruce Goldberg, com mestrado em Psicologia, no Loyola College, Estados Unidos, e autor de *Vidas Passadas – Vidas Futuras*.

Paul Le Cour, famoso teólogo francês, autor de *O Evangelho Esotérico de São João*.

William Walker Atkinson, autor de *A Reencarnação e a Lei do Carma*, um sério pesquisador americano de religiões.

Mona Rolf, mística irlandesa e autora de *Os Ciclos da Reencarnação*.

Brian L. Weiss, autor de *Muitas Vidas – Muitos Mestres* e *Só o Amor é Real*, um dos mais importantes terapeutas de vidas passadas, conferencista internacional. Está com uma agenda de consultas marcadas para vários anos.

Patrick Drouot, francês, residente nos Estados Unidos, físico, parapsicólogo e autor de várias obras, entre elas, *Reencarnação e Imortalidade*, sucesso em todo o mundo.

Thowald Dethlefsen, da Universidade de Munique, Alemanha, autor de várias obras, entre elas, *O Desafio do Destino* e *A Regressão a Vidas Passadas Como Método de Cura*, sucesso em várias línguas.

Jean Prieur, francês, pesquisador e escritor sério de religiões, é autor do livro *O Mistério do Eterno Retorno*, traduzido para várias línguas. É também pesquisador de fenômenos mediúnicos, desde a década de 1940.

Alice A. Bailey, autora inglesa de várias obras ocultistas de grande profundidade, entre elas, *O Reaparecimento de Cristo* e *Do Intelecto à Intuição*.

John Algeo, teósofo americano, autor de *Investigando a Reencarnação*, Editora Teosófica, Brasília, DF.

John Van Auken, americano, pesquisador e escritor de ensinamentos secretos, profundo conhecedor dos conceitos de Edgar Caice.

Hermínio C. Miranda, destacado autor espírita, orador mediúnico. Entre suas obras, destacamos *Reencarnação e Imortalidade*.

Frederico, o Grande, que declarou: *Talvez eu não seja rei em minha vida futura, mas tanto melhor, pois continuarei a viver uma vida ativa e, ainda por cima, colherei menos ingratidão.*

Cícero, o notável gênio da Literatura Latina, disse entre outras coisas, sobre a reencarnação:

> *Outro forte indício de que os homens sabem a maioria das coisas antes do nascimento é que, quando crianças, aprendem fatos com enorme rapidez, o que demonstra que não os estão aprendendo pela primeira vez, e sim, relembrando-os [...].*

Walt Whitman, que nos deixou este texto: *Sei que sou imortal. Sem dúvida, já morri antes mil vezes. Rio-me daquilo que chamam de dissolução, e conheço a amplitude do tempo.*

Emerson, o famoso filósofo americano, fundador do Transcendentalismo, disse: *o segredo do mundo é que tudo subsiste; nada morre, apenas desaparece da vista durante algum tempo, para surgir outra vez...*

John Milton, o célebre poeta inglês do século XVII, que, às vezes, misturava poesia com misticismo, disse em um de seus poemas: *Foste tu aquela donzela que, certa vez, abandonou a Terra que detestavas, e agora voltas para visitar-nos novamente?*

Ovídio, outro gênio da Literatura Latina, autor de *Metamorfose*, disse: *Nada parece, embora tudo se mude cá na Terra; as almas vêm e vão incessantemente em formas visíveis.*

Virgílio, mais um grande vulto das letras latinas, e amigo de Ovídio e Horácio, escreveu este bonito pensamento reencarnacionista:

> *Depois da morte, as almas entram nos Campos Elísios ou no Tártaro, e ali encontram o prêmio ou o castigo de suas ações praticadas durante a vida. Mais tarde, depois*

de terem bebido das águas do Letes (esquecimento), que lhes tiram toda a recordação do passado, voltam à Terra.

Mohandas K. Gandhi, o notável sábio da Índia, que deixou uma grande lição para nós cristãos, disse: *Acreditando como acredito na teoria do renascimento, vivo na esperança de que, se não nesta vida atual, em outra eu possa abraçar toda a humanidade em um amplexo amigo.*

Victor Hugo, o célebre vulto da Literatura Francesa, em um de seus escritos, ao se referir a uma criança falecida e que renascia:

[...] e gemeu angustiada (a mãe que dava à luz um novo filho), pensando menos no novo filho do que no filho ausente: 'O meu anjo está morto e não estou ao seu lado!' Foi então que, falando por intermédio da criança que tinha nos braços, ela ouviu mais uma vez a voz adorada: 'Sou eu que estou aqui – mas não contes a ninguém!' E a criança fitou seu rosto.

Henry David Thoreau, de quem temos este pensamento:

Durante toda a minha vida, referi-me subconscientemente a experiências que tive em existências anteriores... As estrelas que eu via no céu, quando era pastor na Assíria, são as mesmas que hoje vejo como nativo da Nova Inglaterra.

Platão, que dispensa comentários, deixou-nos registrado em *A República* este texto: *Saiba que, se te tornares pior, irás para as piores almas, e, se melhor, para as melhores almas. E, cada sucessão de vida e morte, farás e sofrerás o que semelhantes devem, apropriadamente, sofrer em mãos de semelhantes.*

Einstein disse que Deus não se envolve com os nossos pecados castigando-nos, e que seu Deus não era nem judeu nem cristão, nos moldes do pensamento ocidental. Ora, quando alguém afirma que, religiosamente, ele não segue os princípios religiosos ocidentais, é porque ele está ligado à filosofia religiosa oriental que, como se sabe, é reencarnacionista. E, destarte, podemos concluir que ele aceitava a reencarnação ou pelo menos tinha simpatia por essa crença. E podemos pensar assim, com mais razão, quando sabemos que os cientistas, tendo em vista o grande preconceito que havia no Ocidente contra essa doutrina, se eles acreditavam nela, não o declaravam publicamente, como aconteceu, por exemplo, com Jung, que foi aconselhado por Freud a ser reservado com relação a esse assunto. Aliás, como já estudamos, o preconceito era também com relação aos povos ocidentais. E, certamente, o fator religioso pesou nesse preconceito, já que o Ocidente em peso é cristão, enquanto que o Oriente em peso não o é.

Leonardo da Vinci, outro gênio que dispensa comentários, disse: *Lê-me, leitor, se encontrar prazer em ler-me, porque muito raramente eu voltarei a este mundo.*

Schopenhauer, o grande filósofo alemão, que estudou a filosofia hindu, principalmente através dos *Upanischades*, com todo o seu gênio e conhecimento dos dois lados da moeda, ou seja, a filosofia contra e a favor da reencarnação, inclinou-se perante a tese hindu do renascimento. Disse Einstein a respeito desse grande filósofo alemão: *Cheguei à Teoria da Relatividade através das elucubrações de Schopenhauer.*

Fichte, respeitado filósofo alemão, discípulo de Kant e mestre de Schelling.

Herder, outro filósofo da pátria de Goethe. É reencarnacionista, e autor da célebre obra *A Filosofia da História da Humanidade*. Falecido em 1803.

Helmont, cientista belga judeu falecido em 1644, médico, químico, descobridor do suco gástrico e autor de *De Revolutione Animarum*, em que apresenta nada menos de 200 argumentos a favor da reencarnação.

Helena Petrovna Blavatsky, fundadora da Sociedade Teosófica, médium, provavelmente a maior conhecedora ocultista de todos os tempos. É autora de *A Doutrina Secreta*.

Bannerjee, parapsicólogo, escritor, catedrático da Universidade de Nova Delhi, Índia, e pesquisador de fama internacional acerca da reencarnação.

Paul Brunton, considerado o maior sábio inglês do século XX, ocultista e pesquisador das religiões, viveu por muitos anos na Índia. É autor de *A Índia Secreta, O Egito Secreto, A Crise Espiritual do Homem* e *Idéias em Perspectivas*.

Annie Besan, autora de vários livros esotéricos, foi presidente da Sociedade Teosófica e a maior oradora feminina da primeira metade do século XX.

Rodolfo Steiner, um dos maiores sábios de todos os tempos da Alemanha, falecido em 1925. Seu conhecimento era intuitivo, mediúnico. Em seus livros e em palestras por todas as universidades europeias, no início do século XX, antecipou tudo o que hoje é conhecido através dos manuscritos descobertos em Nag Hamadi, no Egito, em 1945, e em Qumram, em 1947, próximo ao Mar Morto. Também é muito conhecida a sua preocupação, já naquela época, com a ecologia, e alguns métodos criados por ele são usados, hoje, por ecologistas na agricultura. Teósofo e fundador da Antroposofia.

René Guénon, sábio francês de renome internacional na área espiritualista. Destaca-se entre suas obras *Símbolos da Ciência Sagrada* e a *Grande Tríade*.

Dostoievsky, famoso escritor, filósofo e teólogo russo, conhecido universalmente.

Tolstoi, mais um russo da Literatura Universal, filósofo, moralista, adepto do Cristianismo primitivo e autor de várias obras, entre elas, *Ressurreição*.

Pasternak, outro notável escritor russo, Prêmio Nobel de Literatura.

Henry Ford, o criador da indústria automobilística. Segundo ele, os gênios são almas mais velhas.

Carl G. Jung. Este gênio da Psiquiatria, da Psicologia e da Psicanálise dispensa também comentários. Foi discreto em sua posição de reencarnacionista, tendo em vista, como já foi mencionado, os preconceitos contra a reencarnação existentes em sua época. Em sua obra póstuma *Memórias, Sonhos e Reflexões*, nós temos exemplos disso. De suas primeiras páginas foi extraído um parágrafo que vamos apresentar. Segundo informações de seus familiares, algumas coisas escritas por ele acerca da reencarnação foram recusadas por seus editores, quando ele ainda era vivo. Eis aqui mais uma afirmação de Jung a respeito do determinismo, que muito tem a ver com a reencarnação: *Mesmo entre as pessoas muito inteligentes que dispõem de vasta cultura e experiência, pode-se verificar, às vezes, uma cegueira formal, um tipo de anestesia sistemática, quando, por exemplo, tentamos convencê-las do determinismo.*

Jung, praticamente, lançou as bases da Psicologia Transpessoal, cujos adeptos, via de regra, são reencarnacionistas. Ademais, ele era um estudioso da cultura oriental reencarnacionista, tendo feito, inclusive, palestras sobre ioga e a kundalini. E é dele também esta declaração: *O renascimento é uma afirmação que deve ser contada entre as afirmações primordiais da humanidade.* Essas afirmações primordiais são baseadas naquilo que nós chamamos *arquétipos*.

J.G. Bennet, filósofo, matemático e físico inglês, autor de *O Eneagrama*, uma obra que explica as complexas oitavas de Gurdjieff. Poucas pessoas têm capacidade para entender essa obra.

George Harrison, ex-beatle.

Napoleão Bonaparte, que acreditava ser a reencarnação de Carlos Magno.

Roger J. Woolger, destacado psicoterapeuta americano e autor de *As várias Vidas da Alma*.

Ken Wilber, outro americano "peso pesado mundial" da psicologia moderna, e autor da fantástica obra *O Espectro da Consciência*.

Isac Bashevis Singer, Prêmio Nobel.

J.D.Sallinger.

Herman Hesse, Prêmio Nobel de Literatura.

John Adams, que foi Presidente dos Estados Unidos.

Ericson.

Estanislav Grof, na atualidade, destacada autoridade nas questões relacionadas à mente, conferencista internacional e autor de várias obras, entre elas, *A Mente Holotrópica*.

David Hume, filósofo e historiador inglês do século XVIII, criador da filosofia fenomenista e autor de *Ensaios*

Sobre o Entendimento Humano, que, juntamente com outros sábios, classificou a reencarnação como a teoria mais racional sobre a imortalidade.

Alexandre Dumas, o popular e fecundíssimo romancista francês do século XIX.

Dr. Jayme Romeo Rossler, autor de *A Origem Genética da Alma*.

Salvador Dali, o célebre pintor espanhol.

Tomas Alva Edison, o maior gênio inventor da História. Devemos a ele a invenção da lâmpada, do disco, do gramofone e de cerca de mil outras invenções.

Giuseppe Mazzini.

Sir Arthur Conan Doyle.

O Primeiro Ministro Britânico, David Lloyd George.

Dante Gabrile Rossetti.

Campanella.

George Gemistus.

Freud, que aconselhou o seu colega e amigo Jung que fosse reservado sobre o assunto da reencarnação, por causa do preconceito que, na época, havia nos meios científicos. Dele anotei esta frase que certa feita disse: *Repetimos vida após vida os fracassos, atraímos os mesmos amantes ou cônjuges que ferem e traem, os pais que oprimem e tiranizam, etc.*

Mani ou Maniqueu (fundador do Maniqueísmo, uma doutrina radical referente aos dois princípios do bem e do mal, que foi seguida por Santo Agostinho, antes de se tornar ele cristão).

Sinésio, bispo e doutor da Igreja.

Apolônio de Tiana.

Coronel de Rochas, pesquisador de experiências psíquicas e espíritas do século XIX. Colaborou com Helena Blavatsky na fundação da Sociedade Teosófica.

Russel Wallace, cientista pesquisador de fenômenos espíritas.

William James, renomado filósofo e psicólogo do mundo moderno, da Universidade de Harvard.

Balzac, famoso escritor francês.

Gustave Flaubert, também renomado escritor francês.

Monsenhor Estanislau, citado pelo escritor italiano Calderone em sua obra *A Reencarnação – Pesquisa Internacional*.

Arcebispo dom Louis (citado também por Calderone).

Khalil Gibran.

Eurípedes, o grande sábio e orador grego.

Euclides, o renomado mestre em matemática, de Alexandria.

Jâmblico. O famoso filósofo neoplatônico do século II.

Prócio, poeta e filósofo romano do século VI.

Hipócrates, considerado o pai da medicina.

Galeno, conhecido médico grego do século II.

Flamarion, renomado astrônomo e escritor francês do século XIX.

Bernard Shaw, célebre romancista irlandês, ganhador do Prêmio Nobel de Literatura em 1925.

Vasiliev, famoso parapsicólogo russo, conhecido internacionalmente.

Henrique Rodrigues, grande psicobiofísico brasileiro, conhecido pelas suas pesquisas e inventos de aparelhos eletrônicos parapsicológicos. Foi premiado por várias vezes em congressos internacionais de parapsicologia, e autor de vários livros.

Dr. Hernani Guimarães Andrade, renomado parapsicólogo e psicobiofísico, com importantes pesquisas na área da reencarnação. É fundador do Instituto brasileiro de pesquisas psicobiofísicas.

Papa Eugênio IV (papa de 1431 a 1447).

Papa Nicolau V (papa de 1447 a 1455). Obs.: Esses dois papas apoiaram as ideias reencarnacionistas do Cardeal de Cusa, já citado nesta lista (Aureliano Alves Netto e outros autores, *Colar de Pérolas*, pág. 130, Editora Fonte Viva, 1992, Belo Horizonte, MG, e Léon Denis, *O Espiritismo e o Clero*, Editora CELD, Rio de Janeiro, RJ, 1995).

Papa São Gregório Magno ("Patologia Latina", V. 76, col. 1.100, Homilia 7, In "Evangelio", citação de Carlos Torres Pastorino em *Sabedoria do Evangelho*, vol. 4, pág. 120).

E a lista não terminou, mas continuá-la seria abusar da paciência dos meus leitores.

Porém, por ser muito importante para o fenômeno da reencarnação, vamos ver também uma outra lista, agora de religiões e filosofias mais conhecidas que defendem esse fenômeno:

Cristianismo Primitivo, de um modo geral, anterior às instituições dos dogmas.

Hinduísmo.

Budismo.

Taoísmo.

Confucionismo.

Bramanismo.

Jainismo.

Zoroastrismo.

Sikismo.

Judaísmo Esotérico.
Islamismo Esotérico (Surate II, 26, e Surate XVII, 52, do Corão).
Cabala.
Igreja Católica Liberal (parte da Igreja Católica Apostólica Romana que não aceitou o Dogma da Infalibilidade do Papa, promulgado pelo Concílio Ecumênico Vaticano I, em 1870).
Esoterismo.
Eubioose.
Seicho-No-Ie.
Ocultismo.
Catolicismo Liberal (não subordinado à orientação dogmática das autoridades da Igreja. Por exemplo, a grande porcentagem de católicos reencarnacionistas).
Gnose.
Igreja Unida do Canadá.
Protestantismo Liberal.
Espiritualismo independente de religiões.
Maçonaria (a maior parte dos maçons crê na reencarnação).
Sufismo.
Mahaísmo.
Zen-Budismo.
Magos.
Espiritismo.
Legião da Boa Vontade.
Xamantismo.
Candomblé.
Umbanda.

Quimbanda.
Culturas religiosas indígenas dos cinco Continentes.
Teosofia.
Brahma Kumaris.
Igreja Messiânica.
Hare Krisna.
Martinismo.
Rosa-Cruz.
Templários.
Santo Daime.
União Vegetal.
Cristianismo Cigano.
Caodaísmo, etc.

A reencarnação vem ganhando no Ocidente um número cada vez maior de novos adeptos. Hoje, há cerca de dez vezes mais reencarnacionistas entre os cristãos ocidentais do que havia na década de 1940.

Em Belo Horizonte, MG, segundo pesquisa feita pelo Instituto Galup, 63% dos católicos são reencarnacionistas[27] (hoje, quase dez anos depois, essa porcentagem é maior).

A Igreja Protestante Anglicana, da Inglaterra, encomendou à Universidade de Oxford uma pesquisa sobre a reencarnação. O levantamento foi feito em 212 países, por 500 pesquisadores.

E o resultado foi, com base no ano de 2.000, que dos 6.260.000.000 (seis bilhões, duzentos e sessenta milhões) de

---

27. *Jornal de Opinião*, da Arquidiocese de Belo Horizonte, 8-6-1994, encarte com noticiário do "Projeto Construir a Esperança", fundado pelo cardeal dom Serafim Fernandes de Araújo.

habitantes da Terra, mais de 4.000.000.000 (quatro bilhões) de pessoas acreditavam na Doutrina da Reencarnação, ou seja, cerca de dois terços da população da Terra (*Word Christian Enciclopaedia* da Igreja Anglicana, da Inglaterra, e "Time-Life" Nº 18).

Alguns padres mais conservadores costumam dizer que quem é reencarnacionista não é católico. Esquecem-se eles de que a religião de um indivíduo é aquela que ele, livremente, declara ser a sua religião. Mas é a própria Igreja que afirma, hoje, que nela há uma pluralidade de ideias, e que nela existe uma unidade na diversidade. E, embora tardiamente, a Igreja tem ensinado que as outras salvam também. E mais, que todos vão se salvar, pois que a misericórdia de Deus é infinita. Ora, a Doutrina da Reencarnação ensina que, de fato, todos se salvarão, ou melhor, libertar-se-ão um dia, ou seja, todos chegarão à perfeição. Aliás, para isso são as reencarnações.

5

A *preexistência* do espírito

A preexistência do espírito é uma doutrina que prega a existência do espírito antes da concepção do corpo. Foi, como veremos, uma tese defendida pelo grande teólogo do Cristianismo primitivo Orígenes. Essa doutrina foi condenada pelo Concílio Ecumênico de Constantinopla (553). A doutrina da preexistência é fundamental para a da reencarnação. Se o espírito não existisse antes da concepção do corpo não haveria reencarnação.

No caso de haver apenas uma encarnação para o espírito, nós teríamos uma discriminação ou trato diferente para os espíritos, sendo que Deus não faz acepção de suas criaturas humanas (Atos: 10,34 e Deuteronômio: 10,17). Sim, haveria essa discriminação, porque os espíritos encarnados na época do homem das cavernas, comparando-se ao grau de progresso ou evolução da Terra daquela época com o progresso e a evolução que temos hoje, a vida do homem da caverna seria mais a de um animal do que a de um ser humano propriamente dito. Aceitando-se a reencarnação, não há essa acepção, que seria injusta, pois os espíritos da época do homem das cavernas estão reencarnando também hoje e vão reencarnar no futuro, desfrutando, igualmente, do progresso e da evolução que ainda virão e sempre virão, já que a evolução e o progresso não se interromperão jamais.

E, se o espírito fosse criado junto com o corpo, ao corpo seria subordinada a existência do espírito. Mas, o que acontece é justamente o contrário, pois o corpo é que é subordinado ao espírito.

Ademais, se o espírito fosse criado no instante da criação do corpo, a dimensão espiritual estaria sem livre--arbítrio, pois teria de subordinar a sua vontade de criar o espírito à vontade ou livre-arbítrio de um casal de realizar o ato sexual da procriação do corpo, o que seria um absurdo.

De fato, se a existência do espírito fosse subordinada à criação do corpo, como o espírito é criação da dimensão espiritual, estaríamos subordinando as coisas da dimensão espiritual às coisas da dimensão da matéria, da carne, o que seria um absurdo. Como disse Jesus, a carne para nada aproveita, e o que importa é o espírito que dá a vida.

Segundo a história metafórica bíblica da criação de Adão, primeiramente foi feito um boneco de barro, em seguida Deus soprou o espírito nas narinas de Adão. Ora, figuradamente, o espírito saiu de Deus, porque já existia em Deus. E o que existe em Deus sempre existiu, existe e existirá com Ele, já que Deus é imutável.

De Ouspensky, temos uma frase interessante acerca da preexistência do espírito: *Pelo fato de duas pessoas terem essências diferentes, sabemos de nossa preexistência, porque a essência não pode nascer do nada.*[28]

E continuando as nossas divagações a respeito da preexistência do espírito, na hipótese de que o espírito fosse criado juntamente com o corpo, como se explicaria a criação de um espírito, cujo corpo fosse abortado, logo em seguida à fecundação, se a finalidade do espírito para o corpo é vivificá-lo? Ficaria ele sem executar para sempre a sua função de dar vida a um corpo? E a coisa se complica mais ainda quando sabemos que existe o aborto espontâneo, natural e o do assassinato do feto. E, nesse caso de aborto, qualquer que seja a sua natureza, Deus, sabendo de tudo, criaria em vão o espírito, para ficar sem vivificar um corpo para sempre? E, talvez, alguém argumente dizendo que Deus daria ao espírito outro corpo. Mas, essa mesma hipótese nos levaria a um exemplo concreto de que, de fato, a preexistência do espírito é uma realidade incontestável, inclusive biblicamente falando: *Antes que eu te formasse no ventre materno, eu te conheci...* (Jeremias: 12,5). E, como diz São Paulo, Deus não é de confusão. (1 Coríntios: 14,33). Ele ou os espíritos (anjos) não criariam coisas que entrassem em conflito, em desarmonia ou sem uma finalidade certa, garantida e sagrada.

O céu

O conceito de céu é contrário ao de inferno para uma grande parte dos cristãos. Para outros troncos religiosos

---

28. OUSPENSKY, *O Quarto Caminho*, pág.393.

também há essas duas divisões ou esses dois polos opostos, que existem em toda a natureza. Mas, enquanto que para os cristãos céu e inferno significam dois locais onde quem entrar dali não sai mais, em um exemplo claro dos erros provenientes dos exageros das religiões, em outras religiões não é assim.

Para as religiões orientais e também para várias correntes religiosas ocidentais, entre elas, o Espiritismo, o tempo tem ciclos, "eons", que, por mais longos que sejam, um dia, têm fim. Aliás, no original grego, a palavra que designa eternidade e eterno é "aionios", ou seja, um tempo longo, sim, mas que tem fim. E, em cada novo ciclo, os espíritos estão sempre indo para uma situação melhor, pois a evolução espiritual não cessa jamais. Um dia, pois, todos seremos anjos. *Sede perfeitos como é perfeito vosso Pai celestial.* (Mateus: 5,48). Nossa meta é, pois, a perfeição do Pai. Ela é como se fosse uma seta, na direção da qual sempre teremos de caminhar, embora nunca cheguemos lá, pois a perfeição do Pai é infinita. E, justamente porque ela é infinita, é que temos de caminhar sempre, sem interrupção, em direção a ela.

O projeto de Deus vai dar certo, pois essa é a sua vontade. Ele não quer que nenhuma de suas ovelhas se perca. Seria o tal de diabo mais poderoso do que Deus? É o que afirmou o aposto Paulo: *Se Deus é por nós, quem será contra nós?* (Romanos: 8,31). Se uma só alma se perdesse, teria entrado um vírus no computador de Deus! Por isso, muitos teólogos têm afirmado que, se existe o tal de inferno, ele está vazio. E Teilhard de Chardin disse coisa semelhante: *Ó Deus, me perdoa, se existe o tal de inferno, ninguém vai para lá.*

E, na verdade, não existem esses dois locais denominados céu e inferno, geograficamente falando. Eles são entendidos pelos orientais há milênios e pelos espíritas e outras correntes religiosas ocidentais como estados de consciência. É como disse Jesus: *O reino dos céus está dentro de vós mesmos.* (Lucas: 17,21).

Os espíritas admitem o Umbral, um local ou região de baixa vibração, em que se concentram os espíritos em estado baixo de evolução. Mas isso tem uma duração temporária, e não para sempre, como erradamente ensinaram os teólogos cristãos do passado, e que alguns ainda ensinam até hoje, por ignorância ou com o objetivo de amedrontarem os fiéis e, consequentemente, manipulá-los mais facilmente.

Terminamos essa parte a respeito do céu, com uma frase de Jacob Boehme: *O amor expande a alma e a faz tão ampla quanto toda a criação de Deus.* E é isso é que é céu, tanto para o espírito que está encarnado, quanto para o que está desencarnado.

O purgatório e o carma

Acreditamos que o purgatório católico e também o chamado carma negativo são produtos do bom-senso. Os teólogos cristãos, um dia, começaram a perceber que Deus não é nada cruel, como eles antes imaginavam. Foi assim que surgiu o purgatório, que é uma pena temporária, equivalente, pois, ao universal carma, que pode ser negativo ou positivo. Negativo, quando pena, positivo, quando recompensa. De fato nós somente pagamos o que devemos.

Destarte, uma falta temporal só pode ter também uma pena temporal. Uma pena sem fim por uma falta temporal seria injusta. E Deus é justíssimo. Inclusive, Kardec, com a sua admirável lógica, elogiou o purgatório católico.

Realmente, o espírito deve ter novas chances de regeneração. Deus jamais criaria um espírito para viver para sempre nas trevas, pois Deus é amor. O grande escritor iniciado Trigueirinho, com sua sabedoria, afirmou esta grande verdade: *O maior engano de quem se afasta da Lei é julgar seu erro maior do que a misericórdia divina, e assim deixar de dispor-se a recebê-la.*[29]

A ideia da lógica da reencarnação inerente à perfeita justiça divina inspirou os teólogos cristãos de ontem, que imaginaram a ideia do purgatório, e os de hoje que alimentam a ideia de um inferno vazio.

Realmente, se a Igreja adotou rituais, símbolos e tradições das religiões antigas[30], por que não adotaria a ideia da doutrina do purgatório ou do carma que, além de ser universal, é também bíblica?

A Igreja e as outras igrejas cristãs precisam lembrar que a verdade é uma só, a qual, por isso, deve ser respeitada e acatada, venha ela de onde vier. *E conhecereis a verdade e a verdade vos libertará.* (João: 8,32). Atentemos para os dois verbos "conhecereis" e "libertará", os quais estão no tempo futuro, o que quer dizer que ninguém ainda pode se

---

29. TRIGUEIRINHO, *Além do Carma*, pág. 63.
30. Helena P.BLAVATSKY, *A Doutrina Secreta*. René GUÉNON, *Símbolos da Ciência Sagrada*.

julgar possuidor da verdade, a qual somente virá no futuro, quando a nossa evolução atingir níveis bem elevados.

E temos de romper as fronteiras e os preconceitos religiosos, amar e até frequentar as outras religiões. Só assim teremos um macroecumenismo ou um ecumenismo verdadeiro, realizando aquilo que o Mestre preconizou, ou seja, um só rebanho e um só pastor. (João: 10,16). Santo Agostinho deixa essa questão da verdade existente nas religiões muito clara, ao dizer: *A denominada religião cristã existiu entre os antigos e nunca deixou de existir, desde o começo da raça humana até o aparecimento do Cristo, época em que a verdadeira religião, que já existia, começou a chamar-se Cristianismo.*[31]

Jesus disse: *Vós sois cá de baixo, eu sou lá de cima; vós sois deste mundo, eu deste mundo não sou.* (João: 8,23). Disse também: *Ninguém subiu ao céu, senão aquele que de lá desceu, a saber, o Filho do Homem (que está no céu).* (João: 3,13).

Esses textos evidenciam que é aqui na Terra a nossa luta em direção à perfeição. Só Jesus é lá de cima (Já dissemos que esse local é figurado). E, quando falamos aqui na Terra, queremos dizer nossa vida como espírito encarnado. É como espíritos encarnados que vamos formar o Cristo em nós. Lembramos aqui o que disse São Paulo: *Que ele continuaria sentindo as dores do parto, enquanto não visse o Cristo formado em nós,* e *até que chegássemos à estatura mediana do Cristo.* Tudo isso tem de acontecer aqui, na

---

31. Alice A. BAILEY, *De Belém ao Calvário*, pág.18.

Terra, conosco. Mas, se em uma vida só, isso é totalmente impossível acontecer, temos de voltar aqui para continuar a nossa evolução.

Carma e purgatório repetimos, são a mesma coisa, apesar da variação porque passa o purgatório da Igreja, com relação ao local em que acontecem as purificações da chamada lei de causa e efeito. Mas, se a Igreja não aceita oficialmente a reencarnação, o que nos mostra que a purificação dá-se aqui na Terra, também, ela não determina onde é o purgatório. Para quem crê na reencarnação, podemos nos purificar no mundo espiritual, mas, é principalmente aqui na Terra, por meio de nossas reencarnações, que nós nos purificamos de nossas faltas.

A Terra é um mundo de expiações e provas. *É um vale de lágrimas,* como nos diz a oração "Salve-Rainha" da Igreja.

Convém aqui a repetição desta frase de Santo Agostinho: *Esse mundo é um mundo de construção da alma.* O Irmão Atista tem um pensamento semelhante ao do citado santo da Igreja: *Os frutos amadurecerão onde a semente foi plantada.*

O padre Andréas Resch, encarregado pelo Vaticano para estudar os assuntos parapsicológicos, a respeito de outra vida, afirmou: *Não se pode proibir que Deus faça exceções.*[32]

O chamado pecado original, na verdade, se relaciona com o carma. Se nós nascemos com pecado, é porque nós mesmos o cometemos em uma outra vida aqui na Terra ou em outro mundo, o que não nega, necessariamente, o episódio de Adão e Eva de eles terem sido os primeiros

---

32. Jean PRIEUR, *O Mistério do Eterno Retorno,* pág. 255.

seres humanos a pecarem. Podemos dizer, sim, que o conhecimento do bem e do mal por parte deles, e herdado por nós, proporcionou-nos também a capacidade de pecarmos como eles pecaram. Mas, afirmar que herdamos deles o próprio pecado praticado por eles é difícil para a nossa razão acatar. Por isso é que essa doutrina foi transformada em dogma. O que é dogma, só por ser dogma, já é uma doutrina suspeita de não ser uma verdade pelos próprios teólogos que a criaram.

Muita gente, quando ouve falar em carma, pensa que se trata de castigo de Deus. Não é bem assim.[33] E o carma pode ser positivo ou negativo. Positivo é a colheita do bem plantado, enquanto que carma negativo é a colheita do mal plantado. Por isso, o carma é chamado também de hábil ou inábil, isto é, positivo ou negativo. Ele não é castigo ou recompensa de Deus, mas uma lei de causa e efeito em funcionamento, lei essa cósmica ou sideral da dimensão espiritual. É como na lei da física: a cada ação corresponde a uma reação de igual potência e reversibilidade. E o objetivo do carma negativo é nos disciplinar e não nos castigar.

Aliás, castigar ("castigare" em Latim), na questão cármica negativa, tem o sentido de purificar, que é o sentido propriamente dito do verbo latino, do qual se origina. E essa purificação funciona mais ou menos assim: se uma criança coloca o dedo em uma panela quente, ela sente dor, o que a leva a tirar, imediatamente, o dedo da panela e a pensar que

---

33. Para maior compreensão do carma, recomendamos a leitura do livro *Além do Carma*, de Trigueirinho.

não é bom para ela colocar, novamente, o dedo na panela quente. Nós vamos aprendendo também que não vale a pena fazermos o mal, pois ele nos traz dor, mas ao mesmo tempo nós vamos, por meio da dor, nos purificando do mal.

E podemos fazer uma outra comparação com o carma negativo. Se uma pessoa tira um empréstimo de R$ 2.000,00 (dois mil reais) em um banco, tem de pagar esse empréstimo ao banco, o que não significa um castigo para a pessoa devedora. Quando alguém faz uma falta, ela cria uma desarmonia com o Cosmos, que é de uma perfeição tão grande, por ser obra de Deus, que cosmos significa justamente beleza (lembramos que o termo "cosmético" que é usado em referência a embelezamento vem do vocábulo cosmos). Por isso, o responsável pela falta sofre uma dor, mas se purifica simultaneamente. É o que o apóstolo Paulo ensina: *Se a obra de alguém se queimar, sofrerá ele dano; mas esse mesmo será salvo, todavia, como que através do fogo.* (1 Coríntios: 3,15).

Na seleção que Lutero fez dos livros da Bíblia, bem que ele queria deixar de fora, também, a Carta de Tiago, que ele chama de palha, pois ela afirma que a fé sem obras é morta, contradizendo Lutero que afirmava baseado em São Paulo, que o que salva é a fé e a graça. Igualmente, ele gostaria de eliminar o livro de Atos, já que este envolve obras e obras dos apóstolos.

Perguntamos: Boas obras, sem as quais a fé é morta, não seriam também os milagres que Lutero, seus pastores e os padres da Igreja não faziam, mas os faziam os apóstolos de Jesus?

Mas parece que Lutero não suspeitou, nem de longe, que a própria palavra "Atos" é sinônima de carma (ação e reação ou lei de causa e efeito), caso contrário, teria eliminado de vez o Livro de Atos dos Apóstolos!

Temos, pois, nossos direitos de méritos e deméritos. Deus não se envolve com isso. Ele tem seus anjos (espíritos), na nossa cultura judaico-cristã, ou seus logos ("logoi") em outras culturas, para fazerem ou dirigirem as coisas que devem acontecer. Deus simplesmente criou suas leis, ou melhor, seus anjos (espíritos) criaram-nas, pois nem tudo foi criado diretamente por Deus.

Mas, o que importa é que essas leis cósmicas são perfeitas e inexoráveis. E são elas que dirigem ou administram o Universo, a lei de causa e efeito (purgatório e carma). Trata-se, pois, de uma lei tão perfeita e poderosa, como se fosse a lei da gravidade ou a lei da física que já vimos, ou seja, a toda ação corresponde uma reação. E torna-se oportuno lembrarmos aqui a citação do irmão Atisha: *Recorda que o pecado e o opróbrio do mundo são o teu pecado e o teu opróbrio, porque tu és parte dele.* [34]

Mas é com São Paulo que vamos terminar esse item acerca do purgatório e o carma: *Deus não pode ser enganado, porque o que o homem semear, isso ele colherá.* (Gálatas: 6,7).

O inferno

Tudo o que imaginamos a respeito do céu é que ele é o contrário do inferno. Como diz o Irmão Atisha: *Estados de céus e infernos que existem estão também dentro de nós.* E de

---

34. ATISHA, *A Teoria do Carma*, pág. 56.

Omar Khayam temos, igualmente, uma frase interessante sobre isso: *Eu próprio sou céu e inferno*.

Sempre se falou mais do inferno do que do céu, isso porque o inferno nos amedronta. Não nos incomodamos tanto com a felicidade, quanto nos incomodamos com a desgraça. Isso é fruto de os teólogos terem feito do poder de Deus um poder para destruir e aniquilar as pessoas que pecam, pois eles tinham uma ideia antropomórfica de Deus. Dizendo de outro modo, os teólogos confundiam o infinito poder de Deus com sua suposta crueldade, quando Deus é amor (1 João: 4,16).

Há várias palavras para designar o local para onde vão todos os espíritos dos mortos: "geena", "hades", "sheol", ínferos, infernos e inferno. E são palavras que foram herdadas da mitologia. E a prova de que o inferno ou infernos é uma vibração em que se encontram todos os espíritos, a saber, os bons e os maus, é que Jesus, depois de sua morte, para doutrinar, justamente, os espíritos que estavam dominados pelos erros, pelos pecados e pelas trevas (1 Pedro: 4,6). E isso significa que, depois da desencarnação, os espíritos ainda têm chance de regeneração, caso contrário, Jesus teria perdido tempo em pregar para os espíritos que estão nos infernos. A vida do espírito é semelhante à nossa de quando estamos no estado de sono e sonhando, não nos esquecendo de que o sonho pode ser bom ou ruim e até um pesadelo.

Quanto ao fogo do inferno, ele é esotérico e não exotérico. Esotérico quer dizer que ele é metafórico. Aliás, o fogo na Bíblia é sempre metafórico. E assim dizemos línguas de fogo de Pentecostes, fogo do inferno, batismo de fogo, o fogo da sarça ardente, etc.

Quanto a ser eterno, já vimos que eterno ("aionios") significa um tempo longo, mas que tem fim. E Jesus disse também que os que representam o joio, na separação do final dos tempos vão para um local onde haverá choro e ranger de dentes. É que eles vão para mundos atrasados, de vibração semelhante à sua onde o povo é antropófago ainda, com a maioria da população assassina, ou seja, um mundo com as pessoas, em sua maioria, em nível daquele espírito que teve inúmeras chances de regeneração, mas preferiu ficar no mal, então, o espírito vai para uma vibração semelhante à sua.

Mas, não será isso feito como castigo nem muito menos como ódio. É para o bem do indivíduo. É como o aluno que toma bomba na escola. Ele é separado do resto da turma para o seu próprio bem. E o condenado ainda levará para esses mundos sua colaboração de conhecimento que adquiriu aqui no nosso mundo. Pode ser considerado um Einstein lá. Só não pode ser um Chico Xavier, pois, ele pode ter evoluído na ciência, em nosso mundo mais adiantado, mas não ter evoluído espiritualmente falando. Mas, ele não vai involuir, vai apenas para um local atrasado, que vibra na faixa semelhante à sua. E um detalhe importante, um dia ele sairá de lá, o que vai depender do seu livre-arbítrio empregado na sua evolução espiritual.

O mundo dos mortos na Bíblia significa também sepultura, tumba ou campa (Gêneses: 37,35; Números: 16,30; Atos: 2,27; e Apocalipse: 20,13). E outros sinônimos de infernos são limbo e tártaro. Durante muitos séculos, os teólogos, por não aceitarem a reencarnação, que simplificaria tudo, criaram a doutrina de que as crianças mortas sem batismo iam para o limbo, onde não eram infelizes, mas também não eram felizes. Essa doutrina, como vai acontecer com muitas outras, ainda, já caducou.

Quando lemos na Bíblia que Jesus desceu aos infernos, no plural, isso quer dizer que nós estamos ou no estado de encarnados ou de desencarnados, mas sempre na casa do Pai, a qual é qualquer lugar do Universo. E, em qualquer lugar que estejamos, estaremos sempre em um estado de alma de céu ou de inferno, de uma espécie de sono de sonho bom ou de pesadelo. E, assim, como nós estudamos, os teólogos imaginaram o purgatório, pois a maioria dos espíritos não é nem muito boa nem muito má, mas mais ou menos.

Mas, a diferença, propriamente dita, entre o purgatório e o inferno é que o sofrimento do purgatório é temporário, enquanto o do inferno é para sempre. E a verdade é que o sofrimento nosso só pode ser temporário, daí ter sido a criação do purgatório uma ideia boa e positiva por parte dos teólogos, a qual, como já foi mencionada, foi elogiada por Kardec, "o bom-senso encarnado". Assim como no caso do purgatório, a reencarnação tem sofrimentos, mas temporários.

De fato, como referenciado, os teólogos receberam influência da reencarnação na instituição do purgatório, no que tange à questão da duração dos sofrimentos. Por isso, a crença no inferno hoje também está sendo desmoronada entre os teólogos, embora eles não falem a esse respeito, às vezes, em público, para não assustarem as pessoas beatas mais simples.

Sabemos, hoje, que "geena" (inferno) tem a ideia de fogo, ideia essa associada à palavra "sheol", que significa inferno, sepultura, tártaro, limbo, etc., embora, como já foi mencionado, "fogo" na Bíblia seja figurado, mesmo porque "geena" não expressa um lugar determinado.

Em Jerusalém havia um grande buraco em que havia a descarga de lixo da cidade. E sempre esse lixo estava fumegando, pois, queimavam-no, transformando-o em cinzas. Os teólogos associaram a ideia de buraco, inferno e sepultura ("sheol") à ideia de fogo, mesmo sendo figurado ("geena"). E com essas ideias de fogo ("geena") e sepultura ("sheol") misturadas, surgiu a ideia de inferno de fogo.

Nas escrituras do Oriente aparece muito, também, o fogo alegórico. Temos o fogo kundalínico ou da kundalini.

Os protestantes, antigamente, negavam com desdém o purgatório, e defendiam com rigor o inferno. E hoje defendem o purgatório e negam o inferno[35]. Aqui temos uma prova de que os protestantes também evoluíram.

Terminando essa parte do inferno, queremos relembrar ao leitor que, de fato, Deus não castiga ninguém. E podemos dizer que Ele não perdoa também ninguém. A Bíblia fala que Deus perdoa, para dar o exemplo para nós de que nós devemos perdoar. Deus não perdoa, porque só perdoa quem é ofendido. Ninguém consegue ofender a Deus, porque Ele é perfeito e infinito. Para Deus perdoar a nós seria semelhante a nós perdoarmos um grilo! Aliás, quando Jesus disse que ninguém deixará de pagar tudo até o último centavo, está claro que não somos perdoados por Deus, pois, se fôssemos perdoados, não teríamos de pagar

---

35. Bertrand L. CONWAY CSP, *Caixa de Perguntas*, pág. 787.

nada. Perguntaram a Ghandi, no final da sua vida, se ele havia perdoado a todos os seus adversários, ele respondeu que não havia perdoado ninguém, pois que ninguém o havia ofendido. E Deus é muito mais perfeito do que Gandhi! Ademais, um ser infinito não pode nunca ser atingido por seres finitos, que somos nós.

Se, pois, o pagamento tem fim, o chamado inferno também tem fim. E a Bíblia o afirma: *De eternidade a eternidade* (Salmos e Daniel), que nos mostra que eternidade ("aionios") é um tempo que acaba. *Onde está ó inferno, a tua destruição?* (Oséias: 13,14*). Então a morte e o inferno foram lançados no lago de fogo.* (Apocalipse: 20,14).

Como se vê, em Oséias há um desafio ao inferno, e no Apocalipse a destruição do inferno!

6

O Cristianismo

O Cristianismo, apesar das falhas existentes em sua doutrina, em sua essência, isto é, em *O Novo Testamento*, se não for a melhor religião, nada fica devendo às outras. É como disse Gandhi: *Eu aceito o Evangelho de Jesus Cristo, mas não aceito o modo como ele é praticado pelos cristãos ocidentais.*

E até que o Cristianismo evoluiu bastante, em vista do que ele foi no passado. A Inquisição foi uma tragédia no Cristianismo. Ela o maculou tanto, que o descaracterizou por completo. E até parece que houve o cumprimento de uma profecia de Jesus: *[...] vem a hora em que todos que vos matarem, julgarão, com isso, tributar culto a Deus.* (São João: 16,2).

E quantos heróis do Cristianismo foram sacrificados: Giordano Bruno, Lucílio Vanini, João Huss! E os protestantes tiveram também a sua Inquisição, embora em pequena escala, uma vez comparada com a da Igreja.

É verdade que se trata de uma questão que envolve a mentalidade da época. Mas, como ficam a infalibilidade do papa e a certeza de que a Igreja é inspirada pelo Espírito

Santo, considerado outro Deus? João Huss, por exemplo, foi queimado por decisão do Concílio de Constância, em 1414.

O autor deste livro admira a Igreja Católica, deseja a sua regeneração, e quer a verdade. Quer aplaudir a Igreja, sempre que isso lhe for possível, mas não quer participar de seus erros, os quais, no entanto, ele considera como normais, pois toda a religião os comete. E sente-se feliz, quando pode observar que a Igreja tem evoluído muito, apesar de ela estar precisando dar passos mais longos e céleres, para que continue a crescer o seu conceito entre as pessoas de saber, ciência e entre todos os povos e nações.

E, sem dúvida, a evolução por que passa a Igreja caracteriza-se também pela posição silenciosa e tolerante diante do crescente número de católicos que estão aceitando o fenômeno da reencarnação em todo o mundo. Trata-se do que já dissemos: a pluralidade de ideias e a unidade na diversidade na Igreja e em todo o Cristianismo da atualidade.

São Paulo

Como estudamos, este livro apresenta vários textos paulinos que sugestionam a ideia da reencarnação, sendo algumas por metáforas.

Geralmente, os ensinos de todas as religiões têm duas partes: uma esotérica (reservada) e outra exotérica (mais direta ou de modo mais popular), não escapando o Cristianismo dessa regra. Expressões do tipo "os que estão de fora" confirmam o que estamos dizendo. Uma outra forma bíblica conhecida de expressar essa questão esotérica (reservada) é esta, em que Jesus afirma que os mais chegados a Ele entendiam das coisas do reino, e que, por isso, Ele lhes falava, enquanto que ao povo, Ele se dirigia em parábolas (Lucas: 8,10).

Huberto Rohden resume esse assunto muito bem: *Muito se pode dizer a poucos. Pouco se pode dizer a muitos. Muito nunca se pode dizer a muitos.*

Rufino, em carta a Santo Atanásio, autor de um dos credos cristãos (*Credo Atanasiano*), afirma que a crença na reencarnação era comum entre os padres primitivos da Igreja[36]. Isso nos leva a dizer que a crença era de modo esotérico, aceita pela elite religiosa da Igreja Primitiva.

Papus[37], o renomado escritor cabalista francês, afirma que a ideia da reencarnação faz parte dos ensinos secretos (esotéricos, podemos dizer) da Igreja, pois esta recebe continuação direta da religião egípcia: cada um dos evangelistas é acompanhado pelo símbolo de cada uma das quatro formas da esfinge, a cabeça humana ou anjo, a águia, o leão e o touro.

John Van Auken[38] diz que a reencarnação não tem tido nenhum lugar na corrente principal do Cristianismo, mas que ela havia sido um conceito na época de Jesus, pouco depois de sua ressurreição, e muito antes de seu nascimento. O autor salienta ainda que a reencarnação fora condenada no Concílio de Constantinopla (553), quando os escritos do pai da Igreja Primitiva, Orígenes, foram expurgados da

---

36. Annie BESANT, *Reencarnação*, pág. 12, apud Ed Walker em *Reincarnation: a Study of a Fforgotten Truth*.
37. PAPUS, *A Reencarnação*, pág. 87.
38. John Van AUKEN, *Reencarnação*, pág. 152.

Igreja, tendo sido, inclusive, modificados alguns conceitos na Bíblia referentes à reencarnação. Como veremos, na realidade não houve tal condenação no citado concílio.

Celso atacou a Igreja Primitiva, porque ela ensinava a verdade a alguns poucos eleitos. Orígenes, defendendo a Igreja, concordou com ele, dizendo que, de fato, havia uma doutrina esotérica que não era revelada ao povo, mas que isso era comum em todas as religiões que ocultavam alguns conhecimentos das multidões não preparadas para tal. Em outros termos, havia o conhecimento esotérico e o exotérico. Realmente, há na própria Bíblia muitas questões confusas ou de difícil compreensão, em especial nas Epístolas de São Paulo, como o afirma São Pedro (2 Pedro: 3,16), assuntos esses comumente chamados de "Mistérios" ou "Ensinos Íntimos", de que já falamos.

São Clemente de Alexandria disse que São Paulo autorizara a transmissão oral da reencarnação como uma verdade. Jean Prieur[39], autor de *O Mistério do Eterno Retorno*, suspeita da autenticidade dessa afirmação atribuída a São Clemente de Alexandria dizendo que, naquela época, São Paulo não era chamado de "São" e que não existia ainda a palavra "reencarnação".

Realmente, a palavra reencarnação surgiu somente com Kardec, no século XIX, a qual teve apoio imediato de outros sábios da época. E só mais tarde é que Paulo passou a ser chamado de "São" Paulo.

---

39. Jean PRIEUR, *O Mistério do Eterno Retorno*, pág.124.

Mas essa suspeita de Prieur é insustentável, pois todos nós sabemos que, de fato, se usavam, em épocas anteriores a Kardec, outras palavras para designar a reencarnação, tais como: metempsicose, metensomatose (criada por Orígenes e Plotino) e renascimento, as quais, no entanto, traduzimos normalmente para reencarnação, o termo oficial e, universalmente, usado hoje. E, quanto à palavra "São" agregada mais tarde ao nome Paulo – sabemos que ele era apenas chamado por "Paulo de Tarso", mas, igualmente, é normal o denominarmos, hoje, de "São Paulo", o que não nos causa nenhuma dúvida a seu respeito e do que ensinava, mesmo quando nos referimos a ele nos primeiros tempos do Cristianismo. Ademais, lembremo-nos aqui de que os escritos mais antigos de *O Novo Testamento* eram paulinos, e que, normalmente, denominamos também de as Epístolas de "São" Paulo, muito antes de ele ganhar o título de "São" Paulo. Se tivesse lógica a suspeita de Jean Prieur, ele mesmo não poderia ter usado em seu livro *O Mistério do Eterno Retorno* as palavras "São" para Paulo e "reencarnação", referindo-se aos primórdios do Cristianismo, quando elas ainda não eram também conhecidas, o que não nos impede, todavia, de as usarmos hoje, mesmo que nos refiramos aos primeiros dias após a ressurreição de Jesus.

Pedimos aos leitores que se reportem ao capítulo 3º desta obra, em que há outros dados acerca de São Paulo.

São Clemente de Alexandria

São Clemente de Alexandria foi um gênio da teologia e da interpretação da Bíblia, além de ter sido um homem virtuoso e exemplar, que tinha, inclusive, momentos de êxtases, a exemplo de outros grandes santos cristãos, ou momentos de iluminação, na meditação transcendental do tipo dos orientais, ocultistas, teósofos e praticantes de Ioga. Seu método consistia em, como ele dizia, *começar por Platão, para chegar a Cristo.*

É verdade que ele fugiu, por diversas vezes, das perseguições de Severo, escapando do martírio. Mas, o próprio Jesus fugiu também de ameaças físicas que havia contra Ele. E, também os discípulos escapavam das perseguições que eram movidas contra eles. Ademais, São Clemente de Alexandria era ligado à corrente gnóstica cristã, e os gnósticos eram contrários à entrega espontânea ao martírio por parte de muitos cristãos de sua época. E, assim, sempre que lhes fosse possível, eles protegiam a sua vida contra as perseguições dos inimigos do Cristianismo.

O fato de São Clemente ter fugido de um provável martírio foi até bom, pois, vivendo mais, ele pôde transmitir-nos mais de sua genial sabedoria mística.

Vejamos dois exemplos dessa sabedoria: *O caminho para a verdade é, portanto, um, mas nele, como num rio perene, fluem correntes de todos os lados; A verdadeira sabedoria ou gnose é a iluminação interior que os bons cristãos podem alcançar se viverem a vida de pureza e amor, que nosso Senhor ensinou.*[40]

No seu primeiro pensamento, vemos um exemplo de ecumenismo, que é uma das características de um indivíduo

---

40. J.J. Van der LEEUW, *A Dramática História da Fé Cristã*, pág. 64.

portador de espiritualidade avançada. No segundo, constatamos um profundo sentimento de religiosidade, baseado no cumprimento do amor ensinado por Jesus, além da influência do pensamento da meditação transcendental. Em resumo, São Clemente procurava viver, já naquela época, o que a Igreja chama hoje de "unidade na diversidade" e o amor entre todos os cristãos.

Fócio, um patriarca de Constantinopla no século IX, era político ambicioso e sem escrúpulos, como diz a História, e responsável pelo Cisma dos Gregos, em 863. No entanto, foi um escritor de talento.

Sempre houve certa rivalidade entre os sábios de Constantinopla e os de Alexandria, sendo que os desta cidade sempre levavam vantagem sobre os daquela. E essa rivalidade atingiu os próprios patriarcas das duas cidades.

Não se sabe muito bem por que, pois Fócio viveu cerca de seiscentos anos depois de São Clemente de Alexandria, mas o fato é que Fócio escreveu um trabalho em que desprestigiava muito o célebre sábio de Alexandria, de cuja universidade São Clemente foi reitor. Teria Fócio escrito esse livro por causa da citada rivalidade intelectual que havia entre os sábios de Constantinopla e de Alexandria?

O certo é que o Papa Benedito (Bento) XIV, em meados do século XVIII, após ter lido a referida obra do patriarca de Constantinopla, Fócio, decidiu-se pela cassação do título de santo de São Clemente, cujo nome foi tirado do calendário dos santos da Igreja.

Se Fócio, como estudamos, era um político ambicioso e de poucos escrúpulos, além de ter sido responsável pelo Cisma Grego (863) já mencionado, é estranho que o Papa

Benedito (Bento) XIV tenha se deixado influenciar pela citada obra de Fócio.

Por isso, nos arriscamos a dizer que o fato dessa cassação do título de santo de São Clemente de Alexandria, por parte de Benedito (Bento) XIV, poderia ter sido, na verdade, pela crença de São Clemente na reencarnação, fato esse que passou a se destacar muito, justamente, na época de Benedito (Bento) XIV.

Mas, na História o título de santo de São Clemente criou raízes, e soa até mal dizermos apenas Clemente de Alexandria, acostumados que estavam e estão, ainda, os historiadores a chamarem-no assim. E é por isso que, nós, mesmo sabendo que ele não é mais santo da Igreja, chamamo-lo de São Clemente de Alexandria.

Com Joana d'Arc aconteceu o contrário. Os historiadores acostumaram-se a chamá-la de Joana d'Arc por cerca de 4 séculos. Ela morreu na fogueira da Inquisição em 1431, como feiticeira, porque era médium clariaudiente, ou seja, médium ou paranormal que ouve vozes. E é lamentável que ainda haja médicos que considerem esse dom espiritual de ouvir vozes como uma doença mental! Seria por ignorância do assunto, por conveniência ou por influência da Inquisição? A Igreja aceita hoje esse fenômeno, denominando-o de "locução interior". Mas, em 1920, surpreendentemente, a Igreja canonizou Joana d'Arc. Então, o certo, agora, é dizermos Santa Joana d'Arc, mas os historiadores e os estudiosos de Santa Joana d"Arc ainda não se acostumaram com seu título de "Santa".

Alguns estudiosos do assunto são de opinião que a Igreja canonizou Joana d'Arc, porque, sendo a França o berço do Espiritismo, a Igreja poderia ficar com a sua imagem muito prejudicada na França de Kardec, por ter queimado na fogueira da Inquisição, justamente, uma médium e heroína histórica da França. E assim, então, a canonização da "Donzela de Orleães", seria como uma neutralização da grande injustiça e crueldade cometidas pela Igreja contra a renomada médium e heroína francesa.

Mas o certo é que, com os títulos de santos da Igreja ou não, Clemente de Alexandria e Santa Joana d'Arc entraram na vida de todos os espiritualistas, como pessoas de alto nível de misticismo e santidade.

São Clemente de Alexandria foi um defensor da reencarnação. E, como visto anteriormente, ele pode ter sido cassado do calendário de santos da Igreja, por ter defendido a reencarnação.

E uma curiosidade: Usa-se em Português o adjetivo santo para os nomes masculinos iniciados com vogal, por exemplo, Santo Antônio, e são para os masculinos começados por uma consoante, exemplos: São Geraldo, São Bartolomeu. Já para os nomes femininos, usa-se sempre o adjetivo feminino "santa": Santa Efigênia, Santa Cecília. Com São Tomás de Aquino, usa-se também Santo. Certamente, porque se diz "santus" em Latim, e os livros antigos de filosofia e teologia eram sempre em Latim.

Orígenes e a doutrina da Apocatástase

Orígenes é conhecido como um dos maiores sábios cristãos de todos os tempos. Foi, praticamente, o criador de nossa teologia cristã. E, com apenas 17 anos foi reitor da Universidade de Alexandria, em substituição a São Clemente de Alexandria. E diga-se, de passagem, que Alexandria foi o maior centro intelectual do mundo, na época de Orígenes, ou seja, século III.

Orígenes foi para a Teologia Oriental o que Santo Agostinho foi para a Teologia Ocidental. De sabedoria e inteligência tão brilhantes, Orígenes é chamado de "Adamantino". Além disso, era dotado de um profundo misticismo e de virtudes raras. Chegou até a se mutilar para, segundo ele, poder servir melhor ao Evangelho de Jesus Cristo. Isso, sem dúvida, foi um erro, nem tanto, talvez, para a mentalidade da época. Mas, de qualquer maneira, é um exemplo de seu elevado sentimento de religiosidade.

Porém, como sempre acontece com as pessoas, cujo brilho ofusca a vista dos invejosos, ele foi vítima de inveja por parte de Demétrio, bispo de Alexandria. Mas Orígenes, em um exemplo de humildade e obediência ao seu superior eclesiástico, procurava cumprir todas as suas ordens, pois desejava ordenar-se padre. Demétrio, porém, negava-lhe a ordenação.

Foi, então, que os bispos, respectivamente, de Jerusalém, Alexandre, e de Cesareia, Teoctisto, ofereceram a Orígenes a ordenação para padre, o que, é óbvio, ele aceitou.

Com isso, Demétrio ficou irado, tentando, de todos os meios, prejudicar o nome de Orígenes perante a Igreja. E, infelizmente, Demétrio conseguiu o seu objetivo.

Porém, perante Deus, a História do Cristianismo e mesmo perante a Igreja de hoje, Orígenes é admirado e citado, frequentemente, por estudiosos e pesquisadores da Bíblia, da Filosofia e da Teologia.

Embora ele tenha tido algumas de suas ideias condenadas pela Igreja, algumas delas continuam sendo acatadas normalmente, e não somente por católicos, mas também por protestantes.

E foi o polêmico V Concílio Ecumênico de Constantinopla II, de 553, que condenou as duas doutrinas célebres de Orígenes: a Preexistência do Espírito, com relação à concepção do corpo, e a Apocatástase ou restauração de todas as coisas (São Mateus: 19,28 e Romanos: 14,11), doutrinas essas que a Humanidade, hoje, está mais amadurecida para entendê-las, julgá-las e aceitá-las.

Como já tivemos um capítulo dedicado à preexistência do espírito, vamos tratar aqui somente da Apocatástase, mas voltaremos a nos referir, brevemente, à preexistência do espírito, quando tratarmos do V Concílio Ecumênico de Constantinopla (553), que foi o segundo concílio ecumênico realizado nesta cidade.

A Bíblia nos fala da restauração de todas as coisas. Como se vê, não da restauração de algumas coisas ou de quase todas as coisas, mas de todas as coisas. Ora, a mais importante de todas as coisas criadas é, justamente, a de sermos espíritos, logo os espíritos que somos vamos ser também regenerados. E vejamos um exemplo: *Ao qual é necessário que o céu receba até aos tempos da restauração de todas as coisas, de que Deus falou por boca de seus profetas desde a Antiguidade.* (Atos: 3,21).

Quando a Bíblia nos fala em Juízo Final na fase escatológica do homem, não significa que alguns seriam condenados, irremediavelmente, e outros se salvariam, mas que cada um terá por destino uma das várias moradas espirituais que há na casa do Pai, onde cada um recomeçará tudo de novo, a partir do nível de evolução a que tenha chegado. Enquanto que uns vão, pois, para níveis mais evoluídos, aprovados que foram nas experiências passadas, outros terão de repetir suas últimas experiências. É como na escola. Quem não tirar nota mínima, não pode acompanhar os outros que vão para a fase seguinte. Em outras palavras, ninguém vai para trás, apenas deixa de ir para frente, como os outros vão. E tudo será feito sem ódio, mas com amor, para o bem, pois, de todos. E todos que não forem para frente, depois irão. Todos vão passar pela "Porta Estreita", já que *Deus quer que todos se salvem*. (1 Timóteo: 2,4). E é por isso que a misericórdia e o amor de Deus, por serem infinitos, não cessam jamais. E, para que esses atributos de Deus continuem existindo, de fato, para nós, temos de continuar tendo também novas oportunidades de regeneração. E uma dessas novas oportunidades é a reencarnação. Portanto, como já estudamos, não existem, realmente, as chamadas penas eternas, no sentido de que seriam para sempre, o que, aliás, seria uma injustiça, e Deus jamais comete injustiça.

Jesus não poderá, pois, dizer para todos, de uma vez só: *Vinde, benditos de meu Pai, possuí o reino que vos está preparado desde o princípio do mundo*. (Mateus: 25,34). É como na passagem pela "Porta Estreita", vão passando por ela os que já têm mérito para tal.

Muitos teólogos do passado fizeram ameaças de condenação ao inferno sem fim, como se fosse uma coisa da qual, dificilmente, escaparíamos, ignorando eles, por completo, o significado real dos textos bíblicos, bem como a misericórdia e o amor infinitos de Deus para conosco, embora eles, os teólogos antigos, já falassem muito nesses atributos divinos. O inferno é coisa má. E, usando a linguagem muito comum dos evangélicos, não a dos católicos, o inferno, na verdade, não é de Deus, mas é coisa do diabo!

Para o grande cabalista e ocultista Éliphas Lévi, do século XIX, até mesmo os chamados demônios serão regenerados, ou melhor, eles mesmos se regenerarão a si próprios, pois Deus respeita o seu livre-arbítrio, pois são também espíritos humanos atrasados ou que se acham nas trevas. A esses espíritos atrasados ou algemados pelo pecado, Jesus desceu aos infernos para pregar-lhes (1 Pedro: 3,19). E isso quer dizer, justamente, que os demônios ou espíritos humanos atrasados que estão nos infernos ainda têm mesmo chance de regeneração. Aliás, significa também que depois da morte ainda há oportunidade de salvação, caso contrário, Jesus não iria perder tempo em pregar para os espíritos nos infernos. E é bom que se esclareça aqui que a palavra demônios ("daimones" em grego) significa almas ou espíritos humanos.

Mas, como todo espírito que incomoda alguém é atrasado ou, como se diz, é mau, Jesus só tirou demônios maus das pessoas. E é por isso que, no Cristianismo e na Bíblia, demônios passaram a significar apenas espíritos maus. Mas há os demônios bons. E muitos são até santos ou anjos. E é por isso que se diz também "anjo mau" e "anjo bom", pois todos são espíritos bons ou maus. Sócrates já dizia, antes de demônio tomar a conotação de espírito mau, que o demônio dele o ajudava. Ele queria dizer que um espírito bom, amigo, anjo da guarda, guia, mentor protegia-o. Mas, somente há pouco tempo, os teólogos descobriram isso.

Jesus escolheu doze apóstolos ou doze espíritos humanos encarnados para ajudarem-No na sua missão. Mas um deles era demônio (João: 6,70). As traduções trazem geralmente diabo, mas é por causa da confusão que fizeram entre demônio e diabo. E lembremo-nos de que Jesus chamou também São Pedro de satanás, não o espírito de Pedro, mas o pensamento errado que estava na mente de Pedro (São Mateus: 16,23). Por isso, pouco depois, chamou Pedro de pedra, sobre a qual edificaria sua Igreja. Pedra significa o pensamento correto na mente de Pedro naquele momento em que Jesus o chamou de pedra. Santo Agostinho interpreta esse texto bíblico do jeito que acabamos de ver, mas a Igreja não o aceitou. Porém, estão com Santo Agostinho os protestantes.

Quanto às diferenças entre o Espírito Santo, demônio, diabo, satanás, satã, lúcifer, serpente, dragão, etc., para quem quiser saber mais a esse respeito, recomendo meu livro *A Face Oculta das Religiões*. Apenas digo aqui, agora, que demônios são espíritos e, como nós já estudamos, humanos (atrasados). Já diabo, satanás, lúcifer, dragão, etc. não são espíritos de nenhuma espécie, mas são coisas nossas ou de nós mesmos, como ciúme, inveja, orgulho, etc. *O demônio pode estar dentro ou fora da nossa mente.* Demônio, nessa frase, é tomado no sentido de diabo, não sendo, pois, espírito.

Por causa da confusão que fizeram com os espíritos humanos atrasados (demônios) e os espíritos humanos adiantados ou bons (anjos), os teólogos não chegaram a uma conclusão acerca da questão da chamada queda dos anjos, por exemplo, se ela foi antes ou depois da criação do homem. Aliás, a doutrina dos anjos está, praticamente, toda no Livro de Enoque, que é um dos livros apócrifos para os católicos. Está também na Bíblia, mas não de modo claro (Apocalipse: 12,9).

Por tudo isso, nós vemos que o demônio da Bíblia está em desacordo com o significado tradicional e verdadeiro de demônio, ou seja, espírito humano atrasado, e sobre o qual, em *O Velho Testamento*, não há referência no sentido de que ele seja uma categoria especial (não humana). Aliás, em *O Novo Testamento*, não há definição do que seja o demônio. Ele não é explicado.

Sabemos que Moisés tinha uma vara com a qual fazia magia, mago que ele era, pois fora educado na ciência dos egípcios (Atos: 7,22). Nada desses conhecimentos de magia tem a ver com o demônio. E, no entanto, carismáticos da Igreja e os evangélicos dizem que essas coisas são do demônio. Como se vê, há muitas ideias erradas acerca do demônio e do diabo.

Não estranhemos, pois, a doutrina da Apocatástase de Orígenes e também de Éliphas Lévi, porquanto, ela é bíblica. Não será, pois, vitorioso o tal de diabo, mas Deus é que será o vitorioso sobre tudo. Em outros termos, todo o plano da criação de Deus vai dar certo, sim. Temporariamente, os espíritos ou demônios encarnados e desencarnados atrasados, com seu livre-arbítrio, podem atrasar a vitória de Deus, mas essa vitória final de Deus acontecerá, e será total (Romanos: 14,11, e Felipenses: 2,10).

Santo Agostinho

Santo Agostinho deixou-nos uma valiosa e vasta bibliografia filosófica, teológica, cultural e de alto nível literário. Ele deixou-nos 232 livros escritos durante os 76 anos de toda a sua vida. Ninguém se pode julgar um douto, um intelectual, sem ler pelo menos algumas de suas obras, dentre as quais se destacam: *Confissões* e *De Civitate Dei* (*Sobre a Cidade de Deus*).

Em *Confissões*, Santo Agostinho narra episódios de toda a sua vida, antes e depois de sua conversão ao Cristianismo, lamentando, geralmente, os erros, mas não o fato de ter feito conjecturas a respeito da reencarnação, que parecia continuar preocupando-o na hora em que escrevia. Deixemos que ele próprio fale sobre isso:

> *Dize-me, Senhor, eu Te suplico, Tu tens compaixão de minha miséria, dize-me se a minha infância sucedeu a outra vida já morta. Pois alguma coisa me revelaram dessa vida e eu mesmo vi mulheres grávidas. Mas antes disso, o que era eu, meu Deus, ó minha doçura? Existi, porventura em qualquer parte, fui alguém?* [41]

Não é de se estranhar que Santo Agostinho tenha sido reencarnacionista, já que era um platônico em toda a acepção da palavra.

E eis uma nota importante sobre esse assunto: "Santo Agostinho aceitava a reencarnação". [42]

Santo Agostinho morreu em 430, ou seja, 123 anos antes do V Concílio Ecumênico de Constantinopla II (553), o qual, supostamente, teria condenado a reencarnação.

---

41. Santo Agostinho, *Confissões*, 1,6.
42. *The Catholic Encyclopaedia*, Vol. 10. *Metempsychosis* e *The Esoteric Tradition*, por G. de Purucker, pág. 236-7.

E em *Contra Acadêmicos*, Santo Agostinho fala sobre a reencarnação do espírito de Platão em Plotino:

> *A mensagem de Platão, a mais pura e luminosa de toda a Filosofia, pelo menos tornou difusa a escuridão do erro, e agora brilha em Plotino, discípulo de Platão, tão semelhante ao seu mestre, que se pensaria que viveram juntos, ou melhor – uma vez que separados por tão longo período de tempo –, que Platão nasceu de novo em Plotino.* [43]

A Igreja fez silêncio acerca dessa posição de Santo Agostinho, do mesmo modo que silenciou a respeito daquela sobre as mudanças na mente de São Pedro, em que Jesus ora chama Pedro de "satanás", ora de "pedra", que vimos linhas atrás.

São Jerônimo

Quando ouvimos falar que as camadas esotéricas da Igreja aceitavam, secretamente, a reencarnação, podemos ficar em dúvida. Mas, de fato, isso tem fundamento, pelo menos para o Cristianismo primitivo, pois são muitos os grandes vultos do alvorecer do Cristianismo que aceitavam a doutrina do renascimento.

São Jerônimo, o famoso autor de *Vulgata* (primeira tradução da Bíblia para o Latim) e amigo de Santo Agostinho, também aceitava a reencarnação. Aliás, talvez seja por isso que a Igreja pouco fale de São Jerônimo.

---

43. Bruce GOLDBERG, *Vidas Passadas – Vidas Futuras*, pág. 35.

Ele afirma que a transmigração das almas foi ensinada durante um longo tempo da Igreja. [44]

Muito do que escreveu São Jerônimo está em forma de cartas. Em suas *Cartas a Avitus*, imperador romano, Jerônimo fala a respeito da reencarnação (transmigração das almas). [45]

E eis o que escreveu São Jerônimo: *A transmigração das almas é ensinada secretamente a poucos, desde os mais remotos tempos, como uma verdade não divulgável.* [46]

São Gregório de Nissa

Existem dois santos da Igreja com o nome de Gregório, do século IV: São Gregório de Nissa, irmão de São Basílio e bispo de Nissa, e São Gregório Nazianzeno, que estudou em Alexandria e foi bispo de Constantinopla.

Segundo Bertrand L Conway, C.S.P. [47], os dois não aceitavam a eternidade do inferno (há dúvida quanto à posição de São Gregório Nazianzeno); eram grandes teólogos e filósofos, pertencendo ambos à classe dos padres da Igreja, que se destacaram em seus escritos sobre os ensinamentos do Cristianismo dos primeiros séculos.

São Gregório Nazianzeno era amigo de Juliano Apóstata, reencarnacionista, que renegou o Cristianismo, daí o seu cognome. Teria ele renegado o Cristianismo por

---

44. Paulo LE COUR, *Evangelho Esotérico de São João*, pág.68.
45. Bruce GOLDBERG, *Vidas Passadas – Vidas Futuras*, pág. 237.
46. Jean PRIEUR, *O Mistério do Eterno Retorno*, pág. 123.
47. Bertrand L. CONWAI, C.S.P., *Caixa de Perguntas*, pág. 777.

causa de pressões de alguma corrente ortodoxa contra a reencarnação? São Gregório Nazianzeno, que se retirara de Constantinopla para o seu bispado de Nazianza, ao ser convidado para participar de um novo concílio, decepcionado com as intrigas, disse: *Nunca vi uma assembléia sinodal produzir o bem ou fazer desaparecer o mal.* [48]

São Gregório de Nissa era reencarnacionista e fazia parte dos teólogos cabalistas que afirmavam que o maior argumento a favor da reencarnação era a justiça de Deus.[49] Um texto dele: *Há necessidade de natureza para a alma imortal ser curada e purificada, e se ela não o for na sua vida terrestre, a cura se operará através de vidas futuras e subseqüentes.* [50]

É interessante que se observe que eram de vários tipos as polêmicas teológicas e filosóficas na época de São Gregório de Nissa. Mas, a questão da reencarnação parecia unir quase todos os grandes sábios e teólogos contemporâneos de São Gregório de Nissa. Assim é que ele muito combateu Ario, mas na questão da reencarnação, estavam unidos.

Outros santos do Cristianismo Primitivo

Como já foi dito, a reencarnação tinha adeptos importantes no Cristianismo Primitivo. Todos os seus maiores

---

48. Jean PRIEUR, *O Mistério do Eterno Retorno*, pág. 113.
49. William Walker ATKINSON, *A Reencarnação e a Lei do Carma*, pág. 47.
50. John Van AUKEN, *Reencarnação*, pág. 153; e Jean PRIEUR, *O Mistério do Eterno Retorno*, pág. 123.

sábios eram reencarnacionistas e estudavam ou viviam em Alexandria, cujo patriarca, naquela época, frequentemente, era mais importante do que os patriarcas de Roma, Jerusalém, Antioquia e Constantinopla. É que Alexandria era o centro de maior saber dos primeiros séculos da Era Cristã.

Assim é que Ario, padre famoso pela sua inteligência, como vimos, era um reencarnacionista e era também de Alexandria. E até hoje ele faz muitos teólogos cristãos ficarem confusos com as ideias que defendeu, principalmente sobre a sua tese de que Jesus não é Deus.

São Cirilo, mais um renomado patriarca de Alexandria e adepto da reencarnação foi um dos expoentes da filosofia e da teologia do Cristianismo primitivo. Combateu o pensamento de Nestório, patriarca de Constantinopla, que foi deposto pelo Concílio de Éfeso (431).

São Justino, mártir, autor de *Apologia da Religião Cristã*, figura também na lista dos santos reencarnacionistas e sábios do Cristianismo primitivo. É dele esta afirmação: *A alma habita corpos sucessivos, perdendo a memória das vidas passadas.* [51]

São Francisco de Assis

Passemos agora para o século XIII, quando vamos encontrar São Francisco de Assis, fundador da Ordem Monástica dos Franciscanos, um dos mais conhecidos santos da Igreja.

---

51. William Walker ATKINSON, *A Reencarnação e a Lei do Carma*, pág. 46.

São Francisco chamava o seu corpo de "meu burrinho". Em outros termos, ele procurava mostrar que ele não era o seu corpo ou que ele não se identificava com o seu corpo, mas, com seu espírito. Esse é um pensamento típico dos orientais, dos ocultistas e espíritas, que se identificam também com o espírito que eles são, e não com o seu corpo. Isso é também o que Jesus ensinou: *O espírito é que vivifica; a carne para nada aproveita.* (João: 6,63). De fato, o espírito ou Eu reencarnante é imortal, imagem e semelhança de Deus, e o corpo é mais uma espécie de roupa para o espírito. É também o corpo um veículo de manifestação e evolução do espírito ou Eu reencarnante.

É muito conhecida a frase de São Francisco constante de um cântico composto por ele: *É morrendo que se nasce para a vida eterna.* De fato, tudo que nasce, morre, e morrendo, prova que existe, e o que morre renasce.

E eis uma afirmação documentada de que São Francisco é um santo da Igreja que aceitava a reencarnação[52], embora a Igreja faça silêncio sobre isso, como no caso de Santo Agostinho e outros mencionados neste livro.

São Boaventura

São Boaventura é mais um grande sábio e santo da Igreja que abraçou a reencarnação[53]. Como poucos o fizeram, ele defendeu a Igreja na Idade Média.

---

52. *The Catholic Encyclopaedia*, pág. 236-7, Ed., Vol. 10, *Metempsychosis e The Esoteric Tradition*, G. de Puruncker.

53. Annie BESANT, *Reencarnação*, pág. 14.

São Boaventura, que viveu no século XIII, juntamente, com Santo Alberto Magno e São Tomás de Aquino foi um dos "pesos pesados" da Escolástica. Ganhou ele o título de "Doutor Seráfico" pelo seu brilho em muitas obras filosóficas e teológicas. Franciscano, contemporâneo de São Francisco de Assis, foi cardeal e superior geral da Ordem Franciscana.

Depois de cerca de mil anos de envolvimento da Igreja em uma série de polêmicas entre seus grandes sábios sobre a Santíssima Trindade, o arianismo, o nestorianismo e o monofisismo, ainda pairavam dúvidas entre muitos teólogos.

Para tentar solucionar o impasse, o Papa Gregório X convoca, em 1274, o Concílio Ecumênico de Lion, nomeando para seu representante nesse concílio São Boaventura. A respeito desse concílio ainda voltaremos a falar.

Por aí se veem o prestígio e o poder de São Boaventura, apesar de ser um reencarnacionista. E isso faz pensar que a Igreja teve certa tolerância para com essa doutrina, pelo menos com relação aos representantes de sua alta hierarquia, o que reforça a opinião de vários autores, inclusive até de alguns santos canonizados, de que a reencarnação sempre foi aceita, secretamente, pela Igreja.

7

Até onde os hereges tinham razão?

Ao falarmos da reencarnação do ponto de vista do Cristianismo, achamos por bem falarmos um pouco sobre as heresias, já que a própria reencarnação é considerada pela Igreja como uma heresia, embora seja discutível sua condenação oficial pela Igreja, como veremos no próximo capítulo.

Depois dessa doutrina, as heresias mais poderosas conhecidas são: o arianismo, o nestorianismo e o monofisismo.

O fundador do arianismo foi Ario, um padre de Alexandria, do 4º século, já conhecido nosso e um dos expoentes da teologia do Cristianismo primitivo.

Para ele, Jesus Cristo, o Verbo de Deus, era um ser humano perfeito, mas muito inferior a Deus. Em outros termos, ele negava a divindade de Jesus.

Para que entendamos bem esse assunto, é preciso conhecer a situação política daquela época, na qual estava, seriamente, envolvida a Igreja. Assim é que havia interesse na vitória do arianismo, com sede em Constantinopla, para contrabalançar o poder do Catolicismo, principalmente por causa do poder político de Roma, que era ligado ao Catolicismo.

Vimos o exemplo de São Gregório Nazianzeno, que abandonou Constantinopla, decepcionado com as intrigas, dizendo que nunca tinha visto uma assembleia sinodal produzir o bem ou fazer desaparecer o mal, ele que presidiria ao primeiro Concílio Ecumênico de Constantinopla (381). Por outro lado, nem sempre a maioria dos participantes de um concílio era constituída dos mais sábios. Aliás, como acontece em tudo, os sábios são sempre a minoria.

Veremos adiante o exemplo do 5º Concílio Ecumênico de Constantinopla (553), o segundo concílio ecumênico dessa cidade, no qual a intervenção do imperador Justiniano foi, no mínimo, escandalosa.

Mas, primeiramente, retomando o assunto do arianismo, é importante que saibamos que Ario chegou a ter o apoio de 300 bispos, dos 318 presentes nesse concílio. Além de negar a divindade de Jesus Cristo, ele não aceitava também a unidade na consubstanciação das Três Pessoas da Santíssima Trindade. Concluindo esse resumo do arianismo, podemos dizer que, no fundo, a visão de Ario acerca de Jesus era a de que Ele era um Adônis ou avatar muito especial. E sabemos que São João Evangelista chama Jesus Cristo de "Logos", que foi traduzido para o Latim como Verbo de Deus. Logos foi usado por Platão como demiurgo, isto é, intermediário entre Deus e os homens. Sabemos também que Deus, propriamente dito, em grego, é "Theos". E Jesus nunca é chamado de "Theos", mas de "Logos". Além do mais, o apóstolo Paulo nos ensina que há um só Deus e um só Mediador entre Deus e os homens, a saber, Jesus Cristo (1 Tomóteo: 2,5).

Nestório, um pouco mais reservado que Ario foi um patriarca de Constantinopla, no século V, que passou a ensinar que em Jesus Cristo havia duas pessoas, a divina e a humana. E Nestório defendia também a tese de que Maria era Mãe de Jesus Cristo ("Cristotocos") e não Mãe de Deus ("Theotokos"). Mas, o Concílio Ecumênico de Éfeso (431) condenou Nestório, promulgando a doutrina – que em Jesus Cristo havia só uma pessoa, ou seja, a Divina, e que Maria era Mãe de Deus ("Theotokos). E nesse fogo cruzado surgiu Eutiques, um sábio abade de Constantinopla. Ele concluiu que, se em Jesus Cristo havia uma só Pessoa, a Divina, então, Ele teria também uma só Natureza, isto é, a Divina, doutrina essa que teve o nome de Monofisismo.

Essa doutrina do Monofisismo diminuía a importância humana de Jesus. Mas, veio o Concílio Ecumênico de Calcedônia (451), que afirmou que em Jesus Cristo havia duas Naturezas, uma Divina e outra Humana. Mas, estamos diante de uma confusão teológica, pois, se em Jesus Cristo há uma só Pessoa, a Divina, fica estranho Ele ter também, além da Natureza Divina, a natureza humana. Sim, por que como o que não é pessoa humana pode ter natureza humana? E a coisa fica mais confusa, ainda, quando temos certeza de que Jesus Cristo era uma pessoa humana, só se podendo aceitar que Ele é Pessoa Divina, por fé! Essas coisas confusas só podem mesmo ser de teólogos, pois *Deus não é de confusão*. (1 Coríntios: 14,33).

E, com essa confusão toda dos teólogos, não é estranho que não se chegasse a um acordo. Mas, o resultado pior disso é que essa confusão teológica induz as pessoas à indiferença religiosa, à incredulidade e até ao ateísmo! E essas doutrinas confusas só vingaram porque foram impostas a ferro e fogo. Se não fosse pela força, elas não teriam chegado até nós.

Muitos teólogos derrotados no Concílio Ecumênico de Calcedônia (451) e outros ficaram em silêncio, mas isso não significa que eles tenham concordado com as decisões conciliares, pois cada um continuou a pensar do seu modo. De fato, ou se crê ou não se crê em alguma coisa, não importando a vitória das ideias do adversário. Ademais, os mais inteligentes e intelectuais representam a minoria, enquanto que a maioria é composta dos menos inteligentes e menos intelectuais. E São Paulo advertiu-nos para que não nos vangloriemos da fé (Efésios: 2,9). E, certa feita, disse que nem de todos é a fé (2 Tessalonicenses: 3,2). E uma coisa é certa, Deus não pode ser pessoa, pois pessoa O limitaria, e Ele é infinito. Ele tem aspectos ou atributos que não podem ser confundidos com pessoas, e muito menos com outros deuses (Nosso livro *A Face Oculta das Religiões* aborda também essas questões).

A prova de que essas questões teológicas confusas não ficaram mesmo definidas naqueles primeiros concílios é o fato de que, cerca de mil anos depois, o Concílio Ecumênico de Lion (1274) tentou esclarecer melhor algumas das questões teológicas sobre a Santíssima Trindade, como a unidade na consubstanciação das Três Pessoas e o fato de "uma" corresponder à natureza, e "três" à pessoa.

O citado concílio concluiu que as Três Pessoas possuem natureza humana, pelo que são três homens. Isso porque a natureza humana não é a mesma, numericamente, em cada uma das pessoas. Mas as Três Divinas Pessoas não são Deuses, porque a natureza divina é, numericamente, a mesma em cada uma delas. *O infinito não cabe, nem pode caber, no finito.*[54] Com essas doutrinas confusas, os teólogos quiseram dizer mais ou menos o seguinte: Jesus, sendo divino e humano ao mesmo tempo, comunicou sua natureza humana às duas outras Pessoas, motivo porque todas as Três Pessoas tornaram-se três homens. Mas, em Jesus essa natureza humana é maior, pois foi Ele a Pessoa Divina que se tornou homem, e essa natureza é finita, não podendo, pois, atingir a infinitude divina das Três Pessoas. Mas, as Três Pessoas não são três deuses, porque a sua natureza divina é a mesma para as Três Pessoas ou na mesma proporção, porque o que é infinito Nelas não pode ser maior nem menor, pois o infinito não pode ser medido.

Mas, será que essas ideias estão mesmo certas? Os próprios teólogos afirmam que não as entendem. Por que as ensinam, então? *São cegos guiando outros cegos!* E como acreditar também em coisas duvidosas, se, às vezes, já nos é difícil acreditarmos em coisas claras e certas? Jesus não ensinou essas coisas do jeito dos teólogos. Vejamos o que disse o Mestre sobre Deus, o Pai, e Ele, o Filho: *Tudo me foi entregue por meu Pai. Ninguém conhece o Filho senão o Pai, e ninguém conhece o Pai senão o Filho, e aquele a quem o Filho O quiser revelar.* (Mateus: 11,2).

---

54. Bertrand L.CONWAY, CSP, *Caixa de Perguntas*, 156-157.

Observe-se que a respeito do Espírito Santo Jesus não falou nada. E a frase que nos chama a atenção de modo especial é a última, ou seja, *e a quem o Filho quiser revelar*. É que ela se refere a nós.

Quem pode se julgar escolhido pelo Filho, para receber tais revelações? E não disse também Jesus que essas coisas seriam ocultadas aos sábios, e reveladas aos pequeninos? (Mateus: 11,25.).

Será que Jesus não quis revelar também algumas dessas coisas a alguns hereges, em vez de revelá-las aos sábios de um concílio, embora o herege, geralmente, fosse um sábio?

É verdade que o Espírito Santo (conjunto dos espíritos) dá inspiração à Igreja. Mas isso não acontece sempre e aleatoriamente. Se a Igreja sempre tivesse sido inspirada por um espírito santo ou iluminado, ela nunca teria cometido tantos erros graves no decurso de sua História.

Se a Igreja julgou-se com mais maturidade no Concílio de Lion (1274), para esclarecer controvertidas questões teológicas de cerca de mil anos antes, será que hoje, setecentos anos depois do citado concílio, e cerca de mil e setecentos anos depois das polêmicas com os hereges, a Igreja não se julga, agora também, com mais maturidade para reexaminar as questões polêmicas que teve com os hereges? Quem sabe ela não poderia dar razão a alguns hereges? O certo é que os hereges tinham também verdades a serem aproveitadas.

O Concílio Ecumênico de Lion (1274) deixou-nos algumas questões teológicas racionais e claras e que estão contidas nesta afirmação: *O Pai é ingênito, o Filho é gerado pelo Pai, e o Espírito Santo procede do Pai e do Filho.* De fato, Jesus Cristo, criatura, foi criado (gerado) pelo Pai. Quanto ao Espírito Santo (conjunto dos espíritos), tanto o Pai, quanto seu Filho especial Jesus, podem ter tido participação direta na criação Dele (dos espíritos), pois todos os espíritos existentes podem criar, e têm esse poder especial de criar o Pai e seu Filho.

Essa doutrina a de que o Espírito Santo procede do Pai e do Filho tem o nome, em Latim, de "Filioque" ("E do Filho"). Mas, a Igreja Ortodoxa Oriental não aceitou, até hoje, essa doutrina. Para ela, o Espírito Santo procede só do Pai.

Um dos grandes responsáveis pelo início dessa divergência teológica entre as duas Igrejas foi Fócio, patriarca de Constantinopla, em fins do século IX, ao qual nós já nos referimos em capítulo anterior, quando tratamos de São Clemente de Alexandria. A efetivação da separação, de fato, entre essas Igrejas ocorreu em 1054. Nessa época, era patriarca de Constantinopla o arcebispo Miguel Cerulário, que se rebelou, abertamente, contra a Igreja Romana, e desse ato de rebeldia surgiu, oficialmente, a Igreja Ortodoxa Oriental.

Vejamos agora uma síntese do pensamento de Ario, de Nestório e de Eutiques, já nossos conhecidos e considerados os maiores heresiarcas pela Igreja.

O arianismo tem por base o seguinte: Jesus Cristo, como homem, foi perfeito. Mas, como o Verbo de Deus, era muito inferior a Deus propriamente dito. Ario, como mencionado anteriormente, chegou a ter o apoio de cerca de 300 bispos para as suas ideias. No fundo, Jesus era para Ario o maior dos avatares, o Adônis perfeito.

Observemos o que diz a Bíblia, para que possamos absorver ou condenar Ario, no que diz respeito às suas ideias, agora vistas em pleno Terceiro Milênio, quando muitas ideias teológicas antigas estão sendo ressuscitadas. Isso está acontecendo por influência de uma total liberdade religiosa reinante na atualidade, quando não temos mais Inquisição nem o poder religioso da Igreja unido ao do Estado.

E eis o que nos fornece a Bíblia a respeito do assunto:

Em verdade, em verdade vos digo que aquele que crê em mim, fará também as obras que eu faço, e outras maiores fará... (João: 14,12).

Em verdade, em verdade vos digo que o servo não é maior do que seu senhor, nem o enviado maior do que aquele que o enviou. Ora, se sabeis estas coisas, bem-aventurados sois se as praticardes. (São João: 13, 16 e 17).

Ao se referir ao final dos tempos, disse Jesus: *Tal dia nem os anjos dos seus, nem o Filho sabem, mas somente o Pai.* (São Mateus: 24,36).

Certa feita chamaram Jesus de bom Mestre, e Ele retrucou dizendo: *Bom é um só, que é Deus.* (São Lucas: 18,19).

E continuemos com os textos bíblicos:

Tudo que eu faço é por meio do Pai, e o Pai é maior do que eu. (São João: 14,28).

Ele estava no princípio com Deus. (São João: 1,2). Ele estava no princípio com Deus. Ora, se Deus é um só, Jesus Cristo não pode ser outro Deus que estava com Deus.

O Verbo estava com Deus, e o Verbo era Deus. (São João: 1,1). Mas, o Verbo de Deus era Deus relativo, um ser contingente, criado, e não absoluto, um Ser incontingente, Criador e incriado, Causa Primária de todas as coisas. Aliás, segundo a Bíblia, todos nós espíritos humanos, encarnados e desencarnados, somos também deuses, mas relativos, porque absoluto, repetimos, só existe um, o Pai (São João: 10,34; Salmo: 82,6; e 1 Samuel: 28,13).

Dizendo de outro modo, Jesus Cristo, o Verbo de Deus, era Deus, sim, mas não o Deus propriamente dito, que é "o Pai dos espíritos" (Hebreus: 13,9), ou o chefe dos espíritos desencarnados, e que é também Pai de todos nós espíritos ainda encarnados, e que é Pai, inclusive de Jesus, antes, durante, agora e depois de sua encarnação. E São Paulo nos apresenta uma palavra definitiva sobre esse assunto a de que Deus é mesmo um só e a de que Jesus Cristo é um homem: *Porquanto há um só Deus e um só Mediador entre Deus e os homens, Cristo Jesus, homem.* (1 Timóteo: 2, 5).

O leitor inteligente saberá concluir por si próprio que Deus é de fato um só, e que Jesus Cristo não é Deus propriamente dito.

Jesus e o Pai são um. Mas, Ele próprio nos conclamou para que nós sejamos também um com Ele e Deus, o Pai: *A fim de que todos sejam um; e como és tu, ó Pai, em mim, e eu em ti, também sejam eles em nós...* (São João: 17,21). Essa doutrina é também da Filosofia Oriental, da Teosofia e várias outras correntes filosófico-religiosas.

De acordo com o que analisamos, o arianismo foi condenado pelo Concílio Ecumênico de Nicéia (325). Mas, não bastou uma condenação, vindo outra no Concílio Ecumênico de Constantinopla (381), que estabeleceu que Jesus Cristo, o Verbo Encarnado, é Deus.

Há cerca de 50 anos depois de o arianismo ter sido condenado totalmente pela Igreja, Nestório, um sírio, arcebispo patriarca de Constantinopla, ensinou que em Jesus Cristo havia duas pessoas: uma divina e outra humana. Mas a Igreja, no Concílio Ecumênico de Éfeso (431), proclamou que em Jesus Cristo só há uma pessoa, a Pessoa Divina.

Agora é a vez de Eutiques entrar no palco das polêmicas. Ele era um sábio grego. Com base no Concílio Ecumêncio de Éfeso (431), ele concluiu que, se em Jesus Cristo havia só uma pessoa, a natureza Dele deveria ser também apenas uma, ou seja, a Natureza Divina. Mas, o Concílio Ecumênico de Calcedônia (451) declarou que em Jesus Cristo havia duas naturezas, uma divina e outra humana.

Mas fica uma dúvida, como vimos em outra parte deste livro. Se Jesus Cristo, como ficou decidido, tinha apenas uma pessoa, a Pessoa Divina, como ter Ele natureza humana? De uma coisa temos certeza, ou seja, de que Ele era uma pessoa. Quanto a Ele ser só Pessoa Divina, fica complicado para a nossa razão.

Sabemos que as coisas de Deus são misteriosas. Mas, Deus quer que nós as compreendamos, caso contrário, Ele não iria revelar-se a nós. Cabe, pois, aos teólogos não complicarem mais ainda as coisas, mas aclará-la para nós. Devem, pois, os teólogos corrigir seus erros doutrinários milenares. E, para isso, necessitam que a Igreja Católica, a mais poderosa das igrejas cristãs, tome a dianteira, e dê-lhes liberdade para as suas elucubrações sobre o assunto, caso contrário, os cristãos permanecerão no erro. E esses erros levam muitos à indiferença religiosa e, inclusive, ao materialismo.

É lamentável o fato de parecer que alguns bispos compliquem as doutrinas, para, com isso, dizerem que elas são mistérios de Deus, e que eles são canais desses mistérios!

O mundo hoje é outro. Não queremos uma Igreja pregando para o vento, com seus padres dando a entender que eles acreditam em tudo o que dizem, quando isso não é verdade, e que todos estão de acordo com o que eles ensinam.

Jesus é nosso Salvador, porque trouxe para nós a mensagem do Pai, ou seja, o Evangelho. É com essa mensagem que Jesus nos salva, e não com o seu sangue, pois Deus não se sentiria indenizado pelo sangue de Jesus derramado na cruz, já que Ele, Deus, não gosta de sangue nenhum derramado e, muito menos, sangue de um ser humano! Espírito atrasado é que gosta de sangue! Jesus até disse: *Misericórdia quero, e não sacrifícios.* (Mateus: 9,13).

Jesus é nosso Salvador, como também nosso modelo, nosso caminho. Mas, somos nós que temos de seguir por esse caminho, justamente, tomando como norma a mensagem que Ele trouxe para nós do Pai. Ninguém, nem Jesus e nem o próprio Deus, o Pai, pode fazer isso por nós, até que consigamos passar pela "Porta Estreita"! Não é, pois, divinizando Jesus e nem tampouco com doutrinas dogmáticas estranhas ao seu Evangelho que nós nos salvaremos, mas nos tornando de fato seus seguidores.

O V Concílio Ecumênico de Constantinopla II (553)

A Igreja teve alguns concílios ecumênicos e não ecumênicos tumultuados. Mas, parece que o 5º Concílio Ecumênico de Constantinopla (553) bateu o recorde em matéria de desordem e mesmo de desrespeito aos bispos e ao próprio Papa Virgílio, papa da época.

Esses concílios dos primeiros séculos do Cristianismo, depois que a Igreja se uniu ao poder civil, eram convocados pelos imperadores romanos. E o 5º Concílio Ecumênico de Constantinopla foi convocado pelo Imperador Justiniano, mas totalmente contra a vontade do Papa Virgílio.

Justiniano tem seus méritos, inclusive o de ter construído a famosa Igreja de Santa Sofia, obra-prima da Arte Bizantina, hoje uma mesquita muçulmana. Era um teólogo e queria saber mais teologia do que o papa. Sua esposa, a imperatriz Teodora, tinha sido uma cortesã e se imiscuía nos assuntos governamentais de seu marido e, até, nos de teologia.

Contam alguns historiadores que, por ter sido ela uma prostituta, isso era motivo de muito orgulho por parte de suas ex-colegas. E ela sentia, por sua vez, uma grande vergonha contra o fato de suas ex-colegas ficarem decantando tal honra, que, para Teodora, se constituía em uma grande desonra.

Para acabar com essa história, Teodora teria mandado eliminar todas as prostitutas da região de Constantinopla – havia cerca de quinhentas. E, como o povo cristão daquela época, em sua maioria, era reencarnacionista, passou a chamá-la de assassina e a dizer que ela deveria ser assassinada quinhentas vezes em vidas futuras, pois era seu carma negativo, por ela ter mandado assassinar as suas ex-colegas prostitutas.

O certo é que Teodora foi tomada de um grande ódio contra a doutrina da reencarnação. E, como ela mandava e desmandava em meio mundo por meio de seu marido Justiniano, ela resolveu partir para uma perseguição, sem tréguas, contra essa doutrina e contra o seu maior defensor entre os cristãos, Orígenes, cuja fama de sábio era motivo de orgulho para os seguidores do Cristianismo, apesar de ele ter vivido quase três séculos antes daquele período.

Como a doutrina da reencarnação pressupõe a da precedência do espírito, Justiniano e Teodora partiram, primeiramente, para desestruturar a da preexistência, com o que estariam, automaticamente, condenando a da reencarnação, pois, como já foi estudado, não se pode admitir a reencarnação sem a preexistência do espírito, como anterior à concepção do corpo.

Em 543, Justiniano publicou um édito, em que expunha e condenava as principais ideias de Orígenes, sendo uma delas a da preexistência. Em seguida à publicação do citado édito, Justiniano determinou ao patriarca Menas de Constantinopla que convocasse um sínodo (pequena assembleia de alguns bispos de uma região), convidando os bispos para que votassem em seu édito, condenando dez anátemas dele constantes e contra Orígenes[55]. A principal cláusula ou anátema que nos interessa é a da condenação da preexistência que, em síntese, é a seguinte: *Quem sustentar a mítica crença na preexistência da alma e a opinião, conseqüentemente estranha, de sua volta, seja anátema.* [56]

Vamos ver agora essa cláusula na íntegra:

> *Se alguém diz ou sustenta que as almas humanas preexistem na condição de inteligências e de santos poderes; que tendo-se enojado da contemplação divina, tendo-se corrompido e, através disso, tendo-se arrefecido no amor a Deus, elas foram, por essa razão, chamadas de almas e, para seu castigo, mergulhadas em corpos, que ele seja anatematizado!* [57]

E eis o texto original em latim:

> *Si quis dicit, aut sentit proexistere hominum animas, utpote quae antea mentesfuerint et sanctae, satietatemque cepisse divinae contemplationis, et in deterius conversas esses; atque ideirco apofixestai id est refrigisse a Dei*

---

55. Jean PRIEUR, *O Mistério do Eterno Retorno*, pág. 127.
56. William Walker ATKINSON, *A Reencarnação e a Lei do Carma*, pág. 47.
57. Jean PRIEUR, *O Mistério do Eterno Retorno*, pág. 126.

Charitate, et inde fixas graece, id est, animas esse nuncupatas, demissaque esse in corpora suplicii causa: anathema. [58]

Outra tradução para o português de Xalslil S. I. :

Se alguém diz, ou pensa, que as almas dos homens preexistem, no ponto de terem sido anteriormente espíritos e virtudes (potências) santas, e que ficaram fartas da contemplação divina; que perverteram e que, por isso, o amor de Deus se esfriou nelas – "apofixestai" -, como razão do que denominaram-nas "fixas" em grego, isto é, almas (sopros), e que elas foram mandadas entrar em corpos, como castigo: seja anátema.

Vamos agora extrair o conteúdo desse texto:

Se uma pessoa acredita que as almas humanas existiam antes, como espíritos elevados, mas que um dia ficaram fartos de estarem com Deus no céu e que, em consequência disso, o amor desses espíritos esfriou-se neles para com Deus, e que, por isso, esses espíritos passaram a se chamar almas humanas, e que foram castigadas de forma a serem mandadas a encarnar em corpos na Terra, seja essa pessoa que pensa assim excomungada.

Como se vê, trata-se não de reencarnação, mas de encarnação, ou seja, a primeira vez em que o homem apareceu na Terra. Em outras palavras, trata-se da criação do homem.

Podemos dizer que é mesmo uma analogia com Adão e Eva que viviam no paraíso (céu), mas que depois da queda foram mandados a encarnar em corpos feitos de barro (carne).

---

58. Dr. Rozier, *Magia e Religião*, tradução para o francês por Papus, *A Reencarnação*, págs. 89-90.

Mas, nenhum reencarnacionista pensa assim do jeito a que se refere o texto anatematizador. A preexistência é no sentido apenas de que o espírito existe antes de encarnar, seja na primeira encarnação, seja nas outras que se seguem à primeira. E ninguém pensa que o espírito veio a se encarnar porque ele ficou saturado de contemplar Deus. Aliás, essa crença de o espírito ficar olhando Deus eternamente (contemplação) nunca passa pela mente de um reencarnacionista. Jesus não ensinou isso. Trata-se de fantasia de teólogos do passado.

Para o reencarnacionista, o espírito vem encarnar aqui para o seu próprio bem, ou seja, sua evolução, e não por castigo. E o espírito, em sua primeira encarnação, era simples e ignorante, não tendo, pois, pecado nenhum. É assim que pensa o reencarnacionista. Portanto, o anátema do sínodo de 543 (não confundir com o concílio de Constantinopla, em 553) jamais foi endereçado ao reencarnacionista.

Justiniano não se deu por satisfeito com o sínodo (reunião dos bispos de uma região) de Constantinopla (543), no qual o seu édito contra a preexistência foi aprovado com três votos contra dois. Esse sínodo, já o dissemos, foi convocado pelo patriarca de Constantinopla Menas, a pedido de Justiniano.

Destarte, em 553, foi convocado por ele mesmo, como já foi mencionado, o 5º Concílio Ecumênico de Constantinopla (553), e o 2º de Constantinopla. Explicando melhor esse assunto, esse concílio era o quinto concílio ecumênico, mas era o segundo a ser realizado na cidade de Constantinopla. O outro foi o de 381. O concílio ecumênico reúne a totalidade dos bispos do mundo. Geralmente, ele é convocado e presidido pelo papa. Mas, os primeiros concílios ecumênicos da Igreja, como já dissemos, eram convocados pelos imperadores romanos, e, às vezes, até à revelia do papa. Mas, o papa convoca não só concílios ecumênicos, ele pode convocar também um sínodo de alguns bispos escolhidos por ele de várias partes do mundo ou também de uma só região.

Alguns autores falam que foi o Papa Virgílio quem convocou o 5º Concílio Ecumênico de Constantinopla (553). Mas, que teria sido contra a sua vontade e por receio de represálias de Justiniano, que lhe fizera ameaças. Dizem também que Virgílio concordou, por fim, com a realização do concílio, desde que ele fosse realizado em Roma, mas que prevaleceu a vontade de Justiniano de que a sua realização fosse na Capital do Império Romano do Oriente, ou seja, Constantinopla, e não na Capital do Cristianismo, Roma.

O Papa Virgílio resistiu às pressões e ameaças de Justiniano, e não compareceu ao concílio. E, se foram feitas pressões e ameaças contra o papa, contra os bispos, nem se fala. O papa chegou a ir a Constantinopla, porém não compareceu às sessões do concílio. Ao que tudo indica, o papa tentara convencer Justiniano de algumas questões, mais de perto, e antes do início do concílio, sendo esse o motivo de ele ter ido até Constantinopla. Mas, malograram-se todos os seus esforços nesse sentido.

Vamos ver agora uma descrição desse concílio feita por Miles Christi, *Do Concílio de Jerusalém ao Vaticano II*:

> *Embates, desencontros, protelações lastimáveis que transpunham todos os limites, até abafarem de uma vez a voz do*

papa, duram de 5 de maio a 2 de junho, mas desfiaram-se na reiterada condenação de Ario, Eutiques, Nestório e outras heresias menores novamente afloradas, por exemplo: que o Filho de Deus é subordinado ao Pai; que as almas preexistem no céu; que haverá habilitação dos condenados e que, portanto, o inferno não é eterno, etc.

Somente depois de longas e terríveis angústias o Papa Virgílio ratificou os decretos do concílio, em 554, só retornando para Roma em 555.

Justiniano era um fanático. Chegou a dar um ultimato aos seus súditos, para que escolhessem entre o batismo e a morte[59]. Depois desse concílio, determinou uma perseguição em massa contra os reencarnacionistas. E, somente no Oriente Médio foram mortos mais de um milhão de pessoas adeptas da reencarnação.[60]

Houve, por determinação de Justiniano, conciliábulos que os bispos travaram entre si, antes da instalação do concílio, cujo objetivo era, na verdade, tratar de três capítulos suspeitos de nestorianismo de uma obra de Teodoro Mopsueste.

Nada se sabe das conversações secretas dos bispos nos citados conciliábulos. Somente os três capítulos suspeitos de nestorianismo mencionados foram apresentados ao Papa Virgílio, os quais foram aprovados em 553. [61]

Como se vê, não houve, na realidade, condenações à preexistência e a outras doutrinas de Orígenes, o que só

---

59. Jean PRIEUR, *O Mistério do Eterno Retorno*, pág. 126.
60. Paul BRUNTON, *Idéias em Perspectivas*, pág. 118.
61. Jean PRIEUR, *O Mistério do Eterno Retorno*, pág. 128.

aconteceu no Sínodo de Constantinopla (543). Mas, o que confundiu muitos autores foi que anexaram uma coletânea desse sínodo aos cânones do 5º Concílio de Constantinopla (553), para dar mais peso a tal coletânea. [62]

Isso é muito grave, pois um concílio ecumênico tem validade para toda a Igreja, enquanto que um sínodo tem valor só para uma região. Quiseram dar a entender que as decisões do Sínodo de Constantinopla (543) fossem para toda a Igreja, ou seja, que tivessem um valor universal.

Do sínodo citado se conclui que a reencarnação foi condenada, pois ele condenou a preexistência do espírito, e, como nós esclarecemos, não há reencarnação sem preexistência do espírito.

Porém, se os documentos que condenam a preexistência do espírito não pertencem ao 5º Concílio Ecumênico, mas ao Sínodo de Constantinopla (543), conclui-se que não houve condenação oficial da preexistência e da reencarnação pela Igreja. E esse fato se torna uma verdade mais incontestável ainda quando se sabe que os documentos falsos foram acrescentados à ata do citado concílio ecumênico após a assinatura do Papa Virgílio, que não viu, pois, tais documentos fraudulentos.

O Reverendo americano G. Nevin Drindwater afirma, em vista dessa fraude, que a Igreja não declarou herética a doutrina da reencarnação. E essa falcatrua, é evidente, é fruto de uma das muitas manipulações feitas por Justiniano e Teodora dentro da Igreja, em mais um exemplo de que

---

62. Jean PRIEUR, *O Mistério do Eterno Retorno*, pág. 128.

o fanatismo religioso é nocivo aos verdadeiros princípios do Cristianismo e de outras religiões, pois o homem, enquanto fanático não pode ter uma verdadeira experiência com Deus.

O fanatismo faz perder, frequentemente, o respeito e o amor para com seu semelhante, colocando-o, por isso, mais distante de Deus do que mesmo, às vezes, um ateu, já que este, geralmente, não é fanático, pois tem certo acanhamento de seu ateísmo, e se torna, por isso, menos arrogante e mais humilde. É como disse Simone Weil: *Entre dois homens que não têm experiência de Deus, talvez seja aquele que O nega quem mais próximo d'Ele está.* [63]

---

63. Robertson, *Church History* I, pág. 157. *History of the Concils of the Church*,IV, pág. 223.

Conclusão

O grande e respeitado Papa João Paulo II fez uma declaração mais ou menos assim: a Virgem Maria é a Mãe de Jesus Cristo, mas só do seu lado material, carnal, pois que o seu lado divino não pode ter mãe, sendo gerado só pelo Pai.

Estamos em pleno acordo com o pensamento de João Paulo II. O que ele falou tem muito a ver com algumas heresias, como aquela chamada "Cristotokos", que sustenta que Maria é Mãe de Jesus Cristo e não Mãe de Deus ("Teotokos"). Na verdade, Maria é Mãe de Jesus, e nunca mãe de Deus. E essa atitude do papa confirma-nos que há dogmas que estão caducando ou caindo em total esvaziamento.

Já João Paulo I, de saudosa memória, apesar de ter sido papa só por 33 dias, deixou-nos uma outra grande verdade: "Deus, além de Pai, é também Mãe". Essa doutrina é muito comum no Oriente.

Vemos essas coisas como fruto da evolução. E lamentamos que outros papas não tenham acatado essas ideias no passado, que foram defendidas por grandes teólogos hereges, muitos dos quais, por causa dessas doutrinas, morreram na fogueira da Inquisição e de outros tipos de morte.

Mas, graças a Deus, já estamos bem distantes daquelas ideias estranhas de Stº. Atanásio e defendidas por Stº. Tomás de Aquino, ou seja, as ideias da união que existiria entre alma e corpo, que favorece a doutrina da ressurreição da carne, quando a ressurreição é do espírito. Essa união da alma com o corpo existe, de fato, mas só enquanto ela está encarnada, pois depois da desencarnação, a separação é inevitável. É só olharmos para onde vai o espírito e para onde vai o cadáver, para que não tenhamos nenhuma dúvida dessa separação. É como diz a Bíblia: *E o pó volte à terra, como o era, e o espírito volte a Deus que o deu.* (Eclesiastes: 12,7). Realmente o corpo desaparece, mas o espírito continua a sua existência.

A ressurreição da carne ensinada por Stº. Atanásio é, na verdade, a ressurreição do espírito na carne ou em um novo corpo, ou seja, a reencarnação. E reiteramos que o espírito ressuscita, ora no mundo espiritual, ora no mundo físico. Também podemos entender a ressurreição sempre que o espírito vai para uma vida melhor, seja no mundo espiritual, seja no mundo físico.

Alguma crítica que, neste livro, tenha sido feita à Igreja e a outras igrejas cristãs não foi pensando que elas estivessem superadas ou não tivessem razão para existir, pois até somos contrários a isso. As igrejas cristãs continuarão sempre muito necessárias à Humanidade, para ajudarem-na a se regenerar, o que de fato acontece, mesmo que elas tenham ainda erros a serem corrigidos.

O nosso objetivo foi sempre o de defender a verdade, sabendo que a verdade humana é sempre relativa, pois somente a de Deus é absoluta e imutável. E lembramos aqui que não basta acharmos que estamos com a verdade. Mas, é necessário que conheçamos de fato a verdade. *E conhecereis a verdade e a verdade vos libertará.* (São João: 8,32).

E uma das grandes verdades é esta: milhões de pessoas não cristãs estão servindo a Deus, neste mundo, melhor do que milhões de cristãos. Embora não sejamos tão pessimistas como Nietzsche que disse: *Cristão só existe um, e Ele morreu na cruz.* De fato, não é fácil ser cristão. É necessário que o indivíduo seja crístico, para ser, realmente, um cristão autêntico.

Einstein disse que Gandhi é o maior homem do século XX. E essa verdade é reconhecida pela própria Igreja, no Brasil, que, em uma de suas Campanhas da Fraternidade o indicou como modelo para os católicos – esse reencarnacionista, expoente da espiritualidade oriental, considerado por muitos como o maior cristão do século XX – Gandhi que era um pagão!

Este livro é mais um, entre muitos que se encontram nas livrarias, o qual tenta mostrar que o fenômeno da reencarnação é uma questão fascinante tanto para o cientista, quanto para o filósofo e o teólogo, pois a reencarnação nos toca profundamente, por ser uma coisa inerente à nossa origem e ao nosso destino, sobre o que todos nós temos curiosidade de saber. Ela é uma crença tão natural, tão universal e tão lógica, que até parece ser algo dos arquétipos de nosso inconsciente coletivo, de que nos fala Jung, acerca do que já falamos.

Se este livro ajudar algumas pessoas ainda não reencarnacionistas a constatarem que ela é um assunto sério, do ponto de vista da Bíblia e da ciência, considero-me recompensado por tê-lo escrito.

Por ser a crença na reencarnação a mais universal e mais antiga da Humanidade, só ela está, pois, em condições de se tornar uma espécie de elo de união de todos os povos e, principalmente, de todas as religiões da Terra, união essa preconizada por Jesus que afirmou que haveria um só rebanho e um só pastor. E aqui cabe um pensamento bahaísta: *Todos os homens são gotas d'água de um mesmo mar, folhas de uma mesma árvore.*

E todos nós, por meio da religião – tomando emprestado o pensamento de Max Muller – queremos apreender o Infinito, porque *além do finito, atrás do finito, acima do finito, abaixo do finito, no próprio seio do finito, o Infinito está sempre presente.*

Destarte, pela crença na reencarnação, a Humanidade unida, condição imprescindível para o seu triunfo espiritual, possa joeirar os princípios autênticos dos falsos, para que ela chegue mais rápido ao seu encontro com o Infinito, encontro este que consistirá no nosso total desapego, na descoberta e no despertar de nosso Atman-Braman, do nosso estado búdico, do nosso Eu Superior, do nosso Cristo Cósmico, aquele de quem São Paulo disse: *Meus filhos, por quem de novo sofro as dores de parto, até ser o Cristo formado em vós.* (Gálatas: 4,19).

E é evidente que Cristo não pode ser formado em nós, em apenas uma vida. Se fosse assim, o homem da caverna já teria nascido como um São Francisco, Orígenes, Marcion, Chico Xavier, Bezerra de Menezes, Eurípedes Barsanulfo, uma Meimei, um São Vicente de Paulo, uma Madre Teresa de Calcutá, Irmã Dulce da Bahia, um Gandhi, São Clemente de Alexandria, Platão, Santo Agostinho, João XXIII, Sócrates,

Maomé, Ramakrishna, Espinosa, Plotino, Zoroastro, Krishna, Buda, Allan Kardec, Masaharu Taniguchi, Sankara, Huberto Rohden, uma Blavatsky, um Trigueirinho, João Paulo II, Giordano Bruno, Jung, Einstein, esses expoentes da bondade, da ciência, da sabedoria e do cumprimento de uma grande missão, expoentes esses que têm em Jesus o seu modelo, O Mestre que tinha o seu Eu Interior, seu Cristo Cósmico, desperto, formado, manifesto em toda a sua plenitude, tal como disse São Paulo: *[...] mediante seu Espírito no homem interior.* (Efésios: 3,16). E lembremo-nos que entre todos esses grandes espíritos mencionados e o Mestre dos mestres, ainda há uma grande diferença de perfeição, sendo Jesus, pois, muito superior a todos eles.

E nossa mensagem final é que a reencarnação não seja como alguns afirmam, uma substituição da redenção. Ela nos dá mais condições e mais oportunidades para que a nossa redenção continue em pé diante da misericórdia infinita de Deus, que, justamente por ser infinita, não pode jamais terminar. Nada, pois, pode pôr termo a esse atributo infinito de Deus, ou seja, essa sua misericórdia infinita. E, se ela fosse destruída por causa da destruição do nosso corpo, ela deixaria de ser infinita e divina, para ser finita, humana e material. A reencarnação é, pois, realmente, fruto da perfeita, poderosa, indestrutível misericórdia infinita e redentora de Deus, mas cabe a nós fazermos também a nossa parte nessa nossa redenção ou regeneração, que só nós mesmos podemos fazer. E está aqui na Terra o palco de nossa batalha, onde devemos combater contra o nosso ego o bom combate de São Paulo, até que, um dia, possamos dizer também com o Mestre Jesus: ***Eu venci o mundo!***

Sobre o autor

José Reis Chaves nasceu em 04-07-1935, na localidade de Joselândia, hoje distrito da cidade de Santana dos Montes, MG, antigo distrito de Conselheiro Lafaiete. É filho de João Rodrigues dos Reis Milagres e Ana Chaves Milagres. Estudou para padre Redentorista e é formado em Comunicação e Expressão pela PUC-MG. É colunista do diário "O Tempo", de Belo Horizonte, expositor de temas espiritualistas, espíritas e de autoajuda em Minas Gerais e em vários outros Estados. Escreve também para as revistas "RIE" (Revista Internacional de Espiritismo), "Espiritismo & Ciência" e "Universo Espírita". Possui centenas de artigos publicados em vários sites, entre eles, www.espirito.org.br.

O autor, frequentemente, participa de vários programas de TV e de rádio mineiros e nacionais.

Contatos com o autor:
Rua Lindolfo Azevedo, 1712, Jardim América
Belo Horizonte, MG – CEP 30460-050.
Telefone e fax: (31) 3373-6870.
E-mail: jreischaves@gmail.com

Referência bibliográfica

A Bíblia Sagrada, Sociedade Bíblica do Brasil, tradução de João de Almeida, Rio de Janeiro: 1969.

AGOSTINHO, SANTO. *Confissões*. Livro 7, 9. São Paulo: Paulinas, s.d.

ALEGEO, John. *Investigando a Reencarnação*. Brasília: Teosófica, 1995.

ALEIXO, Sérgio Fernandes. *Reencarnação – Lei da Bíblia, Lei do Evangelho, Lei de Deus*. Niterói: Lachâtre, s.d.

ALGEO, John. *Investigando a Reencarnação*. Brasília: Teosófica, 1995.

AMARAL, Leila; KÜENZLEN, Gottfried; DANNEELS, Godfried. *Nova Era*. São Paulo: Paulinas, s.d.

ANDRADE, Hernani Guimarães. *Você e a Reencarnação*. Bauru: CEAC, s.d.

ARMOND, Edgar. *Os Exilados de Capela*. São Paulo: Aliança, 1994.

ARNS, Dom Paulo Evaristo. *A Técnica do Livro Segundo São Jerônimo*. Coleção Bereshit, s.d.

ATISHA, Irmão. *A Teoria do Carma*. São Paulo: Pensamento, 1994.

ATKINSOM, William Walker. *A Reencarnação e a Lei do Carma*. São Paulo: Pensamento, 1990.

AUKEN, John Van. *Reencarnação*. Rio de Janeiro: Record, 1995.

BAILEY, Alice. *De Belém ao Calvário*. Niterói: Avatar, 1990.

BENDIT, Laurence; BENDIT Phoebe. *O Corpo Etérico do Homem*. São Paulo: Pensamento, 1993.

BENITEZ, J. G. *O Enviado*. Rio de Janeiro: Nova Era, 1979.

BENNET, J. G. *O Eneagrama*. São Paulo: Pensamento, 1993.

BERTRAND, Conway L. SCP. *Caixa de Perguntas*. União Gráfica, Lisboa: União Gráfica, 1957.

BESANT, Annie. *O Cristianismo Esotérico*. São Paulo: Pensamento, 1995.

_____. Annie. *Reencarnação*. São Paulo: Pensamento, 1992.

BLANK, Renold J. *Esperança que Vence o Temor*. São Paulo: Paulinas, s.d.

_____. *Reencarnação ou Ressurreição*. São Paulo: Paulus, 1995.

BLAVATSKY, Helena Petrovna. *A Doutrina Secreta*. São Paulo: Pensamento, 1992.

BOFF, Leonardo. *Ressurreição de Cristo, nossa Ressurreição na Morte*. Petrópolis: Vozes, 1991.

BRUNTON, Paul. *Idéias em Perspectivas*. São Paulo: Pensamento, 1994.

CAMPELLI, Esse. *A Reencarnação, a Mediunidade e a Bíblia*. Goiânia: Proluz Ltda, s.d.

CENTRO REDENTOR. *Racionalismo Cristão*. Rio de Janeiro: 1984.

CHALLAYE, Félicien. *As Grandes Religiões*. Edições IBRASA – Gnose, 1981.

Confissões, Livro 7, 9, Santo Agostinho, São Paulo: Paulinas.

CONH, Haim. *O Julgamento e a Morte de Jesus*. Coleção Bereschit, Ed. Imago, 1994.

_____. *O Evangelho Esotérico de São João*. São Paulo: Pensamento, 1993.

CRUZ, Lincoln de Souza. *Cristianismo – A Terceira Certeza Além das Teologias*. Belo Horizonte: Palpite Ltda, s.d.

De Civitate Dei, Santo Agostinho, XXI, 24.

DELANE, Gabriel. *A Reencarnação*. Ed. FEB, Rio de Janeiro: FEB, 1970.

DENIS, Léon. *O Além e a Sobrevivência do Ser*. Rio de Janeiro: FEB, 1990.

____. *O Cristianismo e Espiritismo*. Rio de Janeiro: FEB, 1994.

DESCARTES, René. *Princípios da Filosofia*. São Paulo: Hemus Livraria, 1968.

DETHLEFSEN, Thorwald. *A Regressão a Vidas Passadas como Método de Cura*. São Paulo: Pensamento, 1995.

DEUS, João de. *O Destino do Homem*.

DROUOT, Patrick. *Reencarnação e Imortalidade*. Rio de Janeiro: Nova Era, s.d.

DUNNE, Carrin. *Buda e Jesus – Diálogos*. São Paulo: Pensamento, 1994.

EDINGER, Edvard. *O Arquétipo Cristão*. São Paulo: Cultrix, 1994.

EVOLUÇÃO, nº 2, s.ed.; s.d.

FIELDING, Charles. *A Cabala Prática*. São Paulo: Pensamento, 1989.

FLAMARION, Camile. *Deus na Natureza*. Rio de Janeiro, FEB, 1959.

GINSBURG, Christian. *Os Essênios*. São Paulo: Pensamento, 1993.

GOLDSBERG, Bruce. *Vidas Passadas – Vidas Futuras*. Rio de Janeiro: Nórdica, 1993.

GOLDSMITH, Joel. *A Arte de Curar pelo Espírito*. São Paulo: Pensamento, 1992.

GROF, Stanislav. *A Mente Holotrópica*. São Paulo: Pensamento, 1996.

GUÉNON, René. *A Grande Tríade*. São Paulo: Pensamento, 1992.

HATMANN, Thomas. *Nossa Vida com Gurdjieff*. São Paulo: Pensamento, 1993.

HEFELE, K. J. Von. *History of the Concils of the Church IV*.

HERRIGEL, Eugen. *O Caminho Zen*. São Paulo: Pensamento, 1992.

HOLZER, Hans. *Vida Além Vida*. São Paulo: Pensamento, 1985.

I.S.A. *Reflexões – Em que Mundo Vivemos e Em que Deus Cremos?* Salvador: Pró-Consciência, s.d. in "Os Chakras" (Peter Rendel) Ed. Tecnoprint, Rio de Janeiro: Tecnoprint, 1987.

JINARAJADASA C. *Fundamentos de Teosofia*. São Paulo: Pensamento, 1992.

KARDEC, Allan. *O Evangelho Segundo o Espiritismo*. Rio de Janeiro: FEB, 1986.

KEPPE, Marc André R. *O Sobrenatural Através dos Tempos*. São Paulo: Pensamento, 1992.

LAO-TSÉ. *O Livro do Caminho Perfeito*. São Paulo: Pensamento, 1994.

LAWRENCE, Richard. *Potencialidades Ocultas da Mente*. São Paulo: Pensamento, 1995.

LEADBEATER, Charles W. *A Gnose Cristã*. Brasília: Teosófica, 1994.

_____. *O Credo Cristão*. São Paulo: Pensamento, 1994.

LEEUW, J. L. Van. *A Dramática História da Fé Cristã*. São Paulo: Pensamento, 1993.

LEUENBERGER, Hans-Dieter. *O Que é o Esoterismo*. São Paulo: Pensamento, 1990.

LÉVI, Eliphas. *A Chave dos Grandes Mistérios*. São Paulo: Pensamento, 1993.

_____. *Os Mistérios da Cabala*, São Paulo: Pensamento, 1990.

LOCHER, Teo; HARSCH, Maggy. *Transcomunicação*. São Paulo: Pensamento, 1994.

MEISHU-SAMA. *Alicerce do Paraíso*. São Paulo: Gráfica Tupan, 1987.

MICHALANY, Douglas. *Universo e Humanidade*. São Paulo: Gráfica Editora Michalany, 1983.

MIRANDA, Hermínio C. *Reencarnação e Imortalidade*. Rio de Janeiro: FEB, 1989.

MONDOLFO, Rodolfo. *Sócrates*. São Paulo: Mestre, 1972.
NETO, Paulo. *A Bíblia à Moda da Casa*. Salvador: SEDA, s.d.
OSTRANDER, Sheila; SCHROEDER, Lynn. *Experiências Psíquicas Além da Cortina de Ferro*. São Paulo: Cultrix,1989.
OUSPENSKY, P.D. *Psicologia da Evolução Possível do Homem*. São Paulo: Pensamento, 1993.
PAIVA, José de Netto. *Somos Todos Profetas*. São Paulo: Elevação, 1999.
PAPUS. *A Reencarnação*. São Paulo: Pensamento, 1994.
PASTORINO, Carlos Torres. *A Sabedoria do Evangelho*. Brasília: Publicação Interna da Universidade Nacional de Brasília, s.d.
PECOTCHE, Carlos B. G. *O Espírito*. São Paulo: Logosófica, 1984.
PINHO, João de Deus. *O Destino do Homem*. Santo André: Casa Publicadora Brasileira, s.d.
POWEL, Arthur. *O Corpo Mental*. São Paulo: Pensamento, 1989.
PRABHAVANANDA, Swami. *O Sermão da Montanha Segundo o Vedanta*. São Paulo: Pensamento, 1993.
PRAHUPADA, A. C. *Retornando*. São Paulo: Brakktvedanta Book, 1993.
PRIEUR, Jean. *O Mistério do Eterno Retorno*. São Paulo: Best Seller, s.d.
PROPHET, Elizabeth Clare. *Reencarnação – o Elo Perdido do Cristianismo*. São Paulo: Pensamento, 1997.
PURUCKER. *The Catholic Encyclopaedia, Metempsychosis and The Esoteric Tradition*. Ed., 1909, Vol. 10, páginas 236-7.
Racionalismo Cristão, Centro Redentor, Rio de Janeiro: RJ, 1984.
Reflexões – Em que Mundo Vivemos e Em que Deus Cremos?, I. S. A., Edições Pró-Consciência, Salvador: BA.
RENDEL, Peter. *Os Chakras*. Rio de Janeiro: Tecnoprint, 1987.
Revista *Evolução Cultural*, nº 2.
Revista *Isto é*, nº 1.285.

Revista *Superinteressante,* nº 7.
RIBADEAU, François. *A Luz Espiritual e a Iluminação.* São Paulo: Pensamento, 1993.
RIBEIRO, JÚNIOR, João. *Pequena História das Heresias.* São Paulo: Papirus, 1989.
ROBERTSON. *Church History I,* s. ed.; s.d.
ROCHA, Alberto de Souza. *Reencarnação em Foco.* Matão: O Clarim, 1991.
RODRIGUES, Henrique. *A Ciência do Espírito.* Matão: O Clarim.
ROHDEN, Huberto. *O Quinto Evangelho de São Tomé.* São Paulo: Martin Claret, 1991.
____. *O Sermão da Montanha.* São Paulo: Martin Claret, 1993.
____. *Sabedoria das Palavras.* São Paulo: Martin Claret, s.d.
ROLFE, Mona. *Os Ciclos da Reencarnação.* São Paulo: Pensamento.
ROSSLER, Dr. Jayme Romeo. *A Origem Genética da Alma.* Brasília: Ser, 1997.
ROZIER, Dr. *De Civitate Dei,* XXI, 24, s.d.
____. *Magia e Religião.* Ed. Iniciação, abril de 1898.
RUSSEL, Peter. *O Despertar da Terra – O Cérebro Global.* São Paulo: Cultrix, 1995.
SAMA, Meishuma. *Alicerce do Paraíso.* São Paulo: Tupan, 1987.
SCHONFIELD, Hug. *A Odisséia dos Essênios.* São Paulo: 1993.
SCHOPENHAUER, Artur. *A Sabedoria da Vida.* São Paulo: Cultura Moderna, 1960.
SCHURÉ, Édouard. *Platão, Os Grandes Iniciados.* São Paulo: Martin Claret, 1987.
SILVA, Padre José Cândido. *Cem Questões de Fé.* Petrópolis: Vozes, 1996.
SIMONETTI, Richard. *Tudo sobre a Reencarnação.* Bauru: CEAC, s.d.
SOCIEDADE BÍBLICA DO BRASIL. *A Bíblia Sagrada.* Trad. João de Almeida. Rio de Janeiro:1969.

SOUKI, Dr. Omar. *Acorde! Viva seu Sonho!* Blumenau: Eko, 1995.

SOUZA, José Pinheiro de. *Entrevistas com Jesus – Reflexões Ecumênicas*. Fortaleza: Publicação da Universidade Federal do Estado do Ceará, s.d.

SPANGLER, David. *Contatos com o Espiritual*. São Paulo: Pensamento, 1993.

STEINER, Rodolfo. *A Ciência Oculta*, São Paulo: Antroposófica, 1987.

_____. *Verdade e Ciência*. São Paulo: Antroposófica, 1987.

STEINMANN, Jean. *A Crítica em Face da Bíblia*. São Paulo: Flamboyant, 1960.

STRUCKEL, Shelleyavan. *Viagem ao Sexto Sentido*. Rio de Janeiro: Objetiva, 1991.

TANIGUCHI, Masaharu. *A Verdade da Vida*. São Paulo: Seicho-No-Ie, 1989.

_____. *O Sermão da Montanha*. São Paulo: Seicho-No-Ie, 1993.

The Catholic Encyclopaedia, Metempsychosis and The Esoteric Tradition, Purucker, Ed., 1909, Vol. 10, págs. 236-7.

THOMMSEN, W. H. *Para Compreender Einstein: a Relatividade ao seu Alcance*. Rio de Janeiro: Tecnoprint, 1964.

TREVISAN, Lauro. *O Poder Infinito da sua Mente*. Santa Maria – RS: Mente, 1996.

TRICA, Maria Helena de Oliveira. *Os Proscritos da Bíblia*. São Paulo: Mercuryo, 1989.

TRIGUEIRINHO. *Além do Carma*. São Paulo: Pensamento, 1996.

TULKU, Tarthana. *Reflexões sobre a Mente*. São Paulo: Cultrix, 1994.

UBALDI, Pietro. *A Grande Síntese*. São Paulo: Ed. Monismo, 1987.

WAMBACH, Drª Helen. *Recordando Vidas Passadas*. São Paulo: Pensamento, 1994.

WEISS, Brian. *Muitas Vidas – Muitos Mestres*. Rio de Janeiro: Salamandra, 1995.

_____. *Só o Amor é Real*. Rio de Janeiro: Salamandra, 1996.

WHITTON Joel L.; FISCHER, Joe. *Vida Transição Vida*. São Paulo: Pensamento, 1995.

WILBER, Ken. *Muitas Vidas – Muitos Mestres*. Rio de Janeiro: Salamandra, 1995.

WILBER, Ken. *O Espectro da Consciência*. São Paulo: Cultrix, 1994.

ZOHAR, Danah. *O Ser Quântico*. São Paulo: Pensamento, 1990.

A FACE OCULTA DAS RELIGIÕES

UMA VISÃO RACIONAL DA BÍBLIA

JOSÉ REIS CHAVES

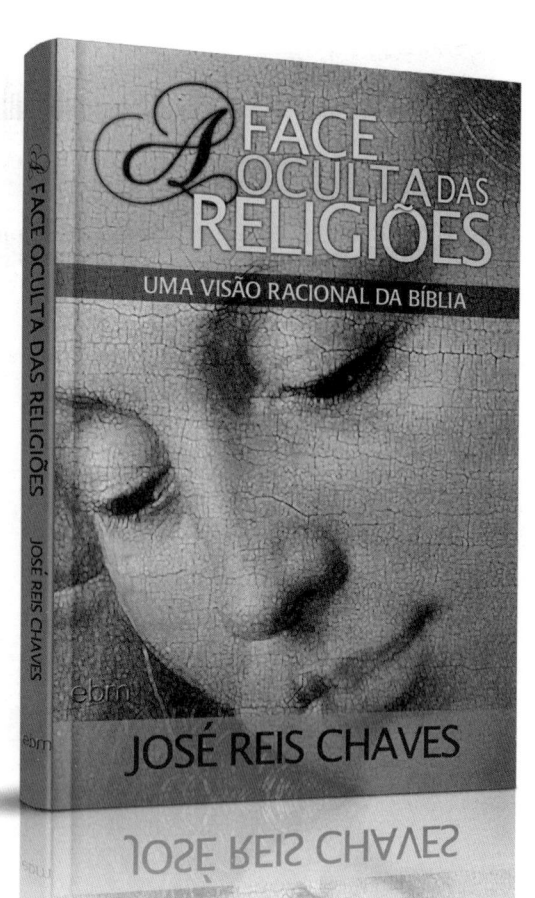

Entre outras coisas, o leitor desta obra verá que a Bíblia – a qual não obstante merece todo o nosso respeito – em razão de tantos erros de tradução, inclusão de alguns textos e cortes de outros, perpetrados ao longo do tempo, acabou por se tornar um livro repleto de erros cometidos pelos homens. O próprio São Jerônimo declarou na carta-prefácio da Vulgata (primeira tradução dos bíblicos em hebraico e grego para o latim, encomendada pelo Papa Damaso a São Jerônimo – séc. IV): A verdade não pode existir em coisas que divergem. E de São Jerônimo até nossos dias continuam sendo feitas adulterações dos textos bíblicos por teólogos e exegetas.

Autor: José Reis Chaves
Gênero: Histórico Religioso

Suely Caldas Schubert

MENTES INTERCONECTADAS E A LEI DE ATRAÇÃO

Neste livro, Suely Caldas Schubert apresenta, em uma exposição simples e ao mesmo tempo profunda, que lhe são peculiares, uma visão acerca da ciência e da Espiritualidade, com base em algumas das mais modernas teorias que abordam a transcendência da vida e propõem, em definitivo, uma mudança do paradigma cartesiano e de seus postulados materialistas.

A autora, igualmente, enfoca alguns dos princípios básicos da física quântica, que abrem novas perspectivas para o conhecimento humano e que evidenciam, a partir da constatação de que há em todo o Universo uma fantástica teia cósmica, um entrelaçamento que une todos os seres e todas as coisas.

Autora: Suely Caldas Schubert
Gênero: Comportamento